# Wereldgeschiedenis in een Notendop

© 2023, Hendrik Jason Smit.

Alle rechten voorbehouden. Niets uit deze uitgave mag worden verveelvoudigd, opgeslagen in een geautomatiseerd gegevensbestand of openbaar worden gemaakt, in enige vorm of op enige wijze, hetzij elektronisch, mechanisch, door fotokopieën, opnamen of enige andere manier, zonder voorafgaande schriftelijke toestemming van de auteur. Dit boek is gecreëerd met de hulp van Kunstmatige Intelligentie.

Dit boek is uitsluitend bedoeld voor entertainmentdoeleinden. Hoewel de informatie en feiten in dit boek zorgvuldig zijn samengesteld, kan de auteur niet garanderen dat alle informatie volledig accuraat, actueel of relevant is. Het lezen van dit boek geeft geen professioneel advies, en de auteur en uitgever zijn niet verantwoordelijk voor eventuele gevolgen of schade die voortvloeien uit het gebruik van de informatie in dit boek.

Nederland 6

Het Land van de Bataven 9

Romeinse Invloeden en de Limes 11

Het Ontstaan van de Friese Koninkrijken 14

Karolingers en Franken 16

Vikingen en Hun Impact op Nederland 18

De Opkomst van Handel en Steden 20

De Hanze: Handelsnetwerk van de Lage Landen 23

Middeleeuwse Kastelen en Riddercultuur 26

De Graven van Holland 28

De Gouden Eeuw van Vlaanderen en Brabant 30

Vlaamse Kunst en de Vlaamse Primitieven 32

Opstand en Onafhankelijkheid: De Tachtigjarige Oorlog 34

Willem van Oranje en de Opkomst van de Republiek 36

De VOC: Een Wereldwijd Handelsimperium 38

De Gouden Eeuw: Handel, Wetenschap en Kunst 41

Rembrandt en de Nederlandse Meesters 44

Michiel de Ruyter: De Nederlandse Zeeheld 46

De Glorietijd van de Nederlandse Koloniën 48

De Verlichting en de Nederlandse Denkers 51

De Franse Tijd en de Bataafse Republiek 53

Napoleon en het Koninkrijk Holland 55

De Industriële Revolutie in Nederland 58

De Eerste Wereldoorlog en Nederland's Neutraliteit 61

Nederland in de Tweede Wereldoorlog 64

De Watersnoodramp van 1953 66

Wederopbouw en het Naoorlogse Nederland 69

De Nederlandse Welvaartsstaat 72

De Jaren '60: Protest en Verandering 75

Nederland en Europa: Het Verdrag van Maastricht 77

Nederland in de 21e Eeuw: Technologie en Innovatie 80

Het Koningshuis en de Oranje Dynastie 83

Nederlandse Kunst en Cultuur: Van Mondriaan tot Van Gogh 86

Multiculturalisme en Integratie in Nederland 88

Duurzaamheid en Milieubewustzijn in Nederland 91

Slotwoord 93

# Nederland

In het huidige Nederland hebben zich door de eeuwen heen verschillende volkeren gevestigd. De oorsprong van Nederland kan worden teruggevoerd tot de vroegste prehistorie, toen het gebied nog deel uitmaakte van de noordelijke kustvlakte van Europa. Gedurende duizenden jaren hebben natuurlijke en menselijke krachten de vorming van dit land beïnvloed.

De vroegste sporen van menselijke aanwezigheid in het gebied dat nu Nederland heet, gaan terug tot de laatste ijstijd, zo'n 12.000 jaar geleden. In deze periode, het Holoceen genaamd, begon het klimaat te veranderen en smolten de ijskappen, waardoor het landschap geleidelijk aan veranderde. Jagers en verzamelaars trokken naar het gebied op zoek naar voedsel en veiligheid.

Gedurende het neolithicum, ongeveer 6.000 jaar geleden, begon de landbouw zich in Nederland te ontwikkelen. Mensen begonnen gewassen te verbouwen en vee te houden, wat resulteerde in de vestiging van permanente nederzettingen. De mensen uit deze periode worden beschouwd als de voorouders van de huidige Nederlandse bevolking.

In de bronstijd, tussen ongeveer 2000 en 800 v.Chr., nam de handel en het contact met andere culturen toe. Dit leidde tot een uitwisseling van goederen, ideeën en technologieën. Het gebruik van brons nam toe, en er ontstonden complexere samenlevingen met hiërarchische structuren.

Met de komst van de Romeinen in de 1e eeuw v.Chr. werd het gebied van Nederland onderdeel van het Romeinse Rijk. De Romeinen bouwden wegen en vestigden forten langs de noordgrens van hun rijk, de zogenaamde Limes. Dit bracht nieuwe culturele invloeden met zich mee en zorgde voor een verdere ontwikkeling van het gebied.

Na het vertrek van de Romeinen in de 5e eeuw n.Chr. ontstonden er verschillende Germaanse koninkrijken in het gebied. Een van de bekendste hiervan waren de Frankische koninkrijken. Onder leiding van Karel de Grote werden deze koninkrijken verenigd in het Frankische Rijk.

In de middeleeuwen ontstonden er verschillende graafschappen en hertogdommen in het gebied van Nederland. De opkomst van handel en steden leidde tot economische groei en welvaart. Handelsroutes zoals de Hanze verbonden Nederland met andere delen van Europa.

De macht van de graven van Holland groeide en zij slaagden erin om hun invloed in de regio uit te breiden. In de 16e eeuw brak de Tachtigjarige Oorlog uit tussen de Nederlandse opstandelingen en het Spaanse rijk. Deze oorlog resulteerde uiteindelijk in de onafhankelijkheid van Nederland.

De 17e eeuw, ook wel bekend als de Gouden Eeuw, was een periode van grote bloei voor Nederland. De Nederlandse Republiek werd een belangrijke wereldmacht met een welvarende handelsvloot en koloniale bezittingen over de hele wereld, met name in Azië en Amerika.

De 18e eeuw bracht politieke veranderingen met zich mee, zoals de vestiging van de Bataafse Republiek na de Franse tijd. In de 19e eeuw begon de industrialisatie en modernisering van Nederland, wat leidde tot verdere economische groei.

In de 20e eeuw kende Nederland turbulente tijden, waaronder de Eerste en Tweede Wereldoorlog. Tijdens de Tweede Wereldoorlog werd Nederland bezet door nazi-Duitsland. Na de oorlog volgde een periode van wederopbouw en werd Nederland een voorvechter van Europese samenwerking.

De geschiedenis van Nederland is er een van veerkracht, handel en culturele uitwisseling. Door de eeuwen heen heeft Nederland zich ontwikkeld van een agrarische samenleving tot een moderne welvaartsstaat. De invloeden van het verleden zijn nog steeds zichtbaar in de cultuur, architectuur en sociale structuren van het land.

# Het Land van de Bataven

In het vroege Nederland was er een tijdperk waarin het land bewoond werd door de Bataven, een Germaanse stam die een belangrijke rol speelde in de vorming van de Nederlandse identiteit. De Bataven woonden in het gebied dat nu bekend staat als Gelderland en het zuidelijke deel van Nederland.

De exacte oorsprong van de Bataven is nog steeds onderwerp van debat onder historici. Sommigen geloven dat ze oorspronkelijk uit Scandinavië kwamen en naar het zuiden migreerden, terwijl anderen suggereren dat ze inheems waren in het gebied dat ze uiteindelijk bewoonden. Wat we wel weten, is dat de Bataven rond de 1e eeuw v.Chr. in het gebied van de Rijn en de Maas leefden.

De Bataven stonden bekend om hun krijgskunst en militaire vaardigheden. Ze waren loyale bondgenoten van het Romeinse Rijk en leverden troepen aan het Romeinse leger. Onder leiding van hun befaamde leider, Julius Civilis, speelden ze een belangrijke rol in de Bataafse Opstand tegen de Romeinen in 69-70 n.Chr.

Het land van de Bataven was een vruchtbaar gebied met rivieren, moerassen en bossen. De Bataven waren bedreven in landbouw en veeteelt, en ze maakten gebruik van de natuurlijke hulpbronnen die het landschap bood. Ze verbouwden gewassen zoals tarwe, gerst en bonen, en hielden vee, waaronder paarden en runderen.

De Bataven hadden een eigen politieke structuur, met aan het hoofd een koning of vorst. Deze vorst werd bijgestaan door een raad van edelen die samen de belangrijkste beslissingen namen. De samenleving was hierarchisch opgebouwd, met een elite van adel die land bezat en de leiding had over de samenleving.

De religie van de Bataven was sterk verbonden met de natuur en de elementen. Ze vereerden verschillende goden en godinnen, waaronder de godin Nehalennia, beschermster van handel en scheepvaart. Ze bouwden heiligdommen en tempels om hun goden te eren, waarvan sommige zijn opgegraven in archeologische opgravingen.

De contacten tussen de Bataven en de Romeinen waren intensief en beïnvloedden beide culturen. De Romeinen brachten nieuwe technologieën, zoals het schrift en geavanceerde landbouwtechnieken, naar het land van de Bataven. Tegelijkertijd namen de Bataven elementen van de Romeinse cultuur over, zoals het gebruik van munten en Romeinse architectuur.

Het tijdperk van de Bataven eindigde met de Romeinse overheersing van Nederland. De Romeinen bouwden forten en vestigden zich langs de Rijn om de noordgrens van het Romeinse Rijk te beschermen. Het land van de Bataven werd geïntegreerd in het Romeinse Rijk en de Bataafse cultuur ging geleidelijk op in de Romeinse samenleving.

De erfenis van de Bataven leeft voort in de Nederlandse geschiedenis en identiteit. Ze worden gezien als een van de oorspronkelijke bewoners van het land en hebben bijgedragen aan de vorming van de Nederlandse cultuur. De Bataven waren een trotse en krijgshaftige stam die hun stempel hebben gedrukt op de vroege geschiedenis van Nederland.

# Romeinse Invloeden en de Limes

De invloed van het Romeinse Rijk op het vroege Nederland was aanzienlijk en heeft een blijvende impact gehad op de ontwikkeling van het gebied. Tijdens de periode van de Romeinse overheersing werden nieuwe technologieën, culturele invloeden en bestuurlijke structuren geïntroduceerd, die het land van de inheemse bevolking veranderden.

De Romeinen vestigden zich voor het eerst in het gebied van Nederland in de 1e eeuw v.Chr. Ze bouwden forten en vestigden langs de noordgrens van het Romeinse Rijk, bekend als de Limes. De Limes volgde de loop van de Rijn en diende als een militaire verdedigingslinie tegen invallen van Germaanse stammen.

De Romeinse aanwezigheid in Nederland bracht verschillende aspecten van de Romeinse cultuur met zich mee. De Romeinen introduceerden stedelijke ontwikkeling, met de bouw van nederzettingen en steden zoals Nijmegen en Maastricht. Deze steden fungeerden als centra van bestuur, handel en cultuur, en vormden knooppunten in het Romeinse wegennetwerk.

De Romeinse invloeden waren ook zichtbaar in de architectuur van gebouwen. Romeinse bouwstijlen werden geïntroduceerd, met kenmerken zoals zuilen, gewelfde plafonds en mozaïekvloeren. Deze bouwstijlen waren te zien in openbare gebouwen en villa's die werden gebouwd door de Romeinen.

Naast de bouw en de stedelijke ontwikkeling brachten de Romeinen ook nieuwe technologieën naar Nederland. Ze introduceerden geavanceerde landbouwtechnieken, zoals irrigatiesystemen en nieuwe gewassen. De Romeinen verbeterden ook de infrastructuur door de aanleg van wegen, bruggen en kanalen.

Een ander belangrijk aspect van de Romeinse aanwezigheid was de handel. Nederland lag op strategische handelsroutes tussen het Romeinse Rijk en andere delen van Europa. Via de Rijn werden goederen zoals graan, wijn en aardewerk naar Nederland gebracht, terwijl lokale producten zoals huiden, hout en tin werden geëxporteerd.

De Limes, als onderdeel van de Romeinse verdedigingslinie, had een belangrijke invloed op het gebied van Nederland. De Limes volgde de loop van de Rijn en was voorzien van forten, wachttorens en militaire wegen. Het diende als een grens tussen het Romeinse Rijk en de Germaanse stammen in het noorden.

De Limes had niet alleen een militaire functie, maar ook een culturele en economische impact. De aanwezigheid van de Romeinse soldaten bracht interactie en uitwisseling tussen de Romeinse en inheemse bevolking met zich mee. De Limes fungeerde ook als een handelsroute en stimuleerde economische activiteit langs de grens.

Hoewel de Romeinse overheersing in Nederland duurde tot de 5e eeuw n.Chr., begon de invloed van het Romeinse Rijk af te nemen naarmate de Romeinen zich terugtrokken uit de noordelijke gebieden van Europa. De Limes verloor zijn militaire betekenis en werd geleidelijk aan verlaten.

Desondanks heeft de Romeinse periode een blijvende impact gehad op Nederland. De Romeinse invloeden zijn nog steeds zichtbaar in de architectuur, infrastructuur en culturele tradities van het land. De Limes is erkend als werelderfgoed en getuigt van het belang van de Romeinse invloed op het gebied van Nederland.

# Het Ontstaan van de Friese Koninkrijken

Het ontstaan van de Friese koninkrijken in Nederland heeft een belangrijke rol gespeeld in de vorming van de regio en de Friese identiteit. De Friese koninkrijken ontstonden in de vroege middeleeuwen en waren een politieke en culturele entiteit die zich onderscheidde van andere gebieden in het land.

De oorsprong van de Friese koninkrijken gaat terug tot de migratieperiode, die plaatsvond tussen de 4e en 7e eeuw na Christus. Tijdens deze periode migreerden verschillende Germaanse stammen, waaronder de Friezen, naar het gebied dat bekend staat als Friesland.

De Friezen vestigden zich in het kustgebied van de Noordzee, van de monding van de Rijn tot aan de Eems. Ze waren een agrarisch volk dat leefde van veeteelt en landbouw. Het land was vruchtbaar en de nabijheid van de zee bood mogelijkheden voor handel en scheepvaart.

In de loop van de tijd begonnen de Friezen zich te organiseren in politieke eenheden. Er ontstonden verschillende Friese koninkrijken, waarvan de belangrijkste waren: het koninkrijk der Magna Frisia, dat het grootste deel van het huidige Friesland besloeg, en het koninkrijk der Saksen, dat delen van Groningen en Drenthe omvatte.

De Friezen hadden hun eigen wetten en bestuurssystemen. Ze waren een vrij en zelfstandig volk dat hun eigen aangelegenheden regelde. Het leiderschap was in handen van de Friese koningen, die werden bijgestaan door een raad van edelen. Deze koningen genoten aanzienlijke macht en gezag binnen hun koninkrijken.

De Friese koninkrijken waren niet geïsoleerd, maar hadden contacten met andere volkeren in de regio. Ze onderhielden handelsrelaties met naburige volkeren, zoals de Franken en de Vikingen. Deze handelscontacten droegen bij aan de economische groei en welvaart van de Friese koninkrijken.

De invloed van het christendom bereikte ook de Friese koninkrijken. Missionarissen uit het Frankische Rijk probeerden het christendom onder de Friezen te verspreiden. Hoewel dit aanvankelijk met weerstand werd ontvangen, werden de Friese koninkrijken uiteindelijk beïnvloed door het christelijk geloof.

De Friese koninkrijken hadden geen langdurige politieke eenheid en waren vaak verwikkeld in onderlinge conflicten en rivaliteit. Ze werden ook geconfronteerd met externe dreigingen, zoals de Frankische expansie in het westen en de Vikingaanvallen vanuit het noorden.

Uiteindelijk werden de Friese koninkrijken geabsorbeerd door de opkomende graven van Holland en de Bisschop van Utrecht. Deze machthebbers wisten geleidelijk aan controle te krijgen over het Friese gebied en de lokale bestuurssystemen te integreren in hun eigen machtsstructuren.

Desondanks heeft het ontstaan van de Friese koninkrijken een blijvende impact gehad op de Friese cultuur en identiteit. Het Fries is tot op de dag van vandaag erkend als een officiële taal in Nederland en er zijn in Friesland nog steeds sterke regionale en culturele banden die teruggaan naar de tijd van de Friese koninkrijken.

# Karolingers en Franken

De periode van de Karolingers en Franken markeerde een belangrijke fase in de geschiedenis van Nederland. De Karolingers, ook wel bekend als de Karolingische dynastie, waren heersers van het Frankische Rijk, dat zich uitstrekte over grote delen van West-Europa.

De Karolingische dynastie begon met de opkomst van Karel Martel in de 8e eeuw. Hij verwierf aanzienlijke macht en wordt beschouwd als de grondlegger van het Karolingische Rijk. Onder het bewind van zijn zoon, Karel de Grote, bereikte het Frankische Rijk zijn hoogtepunt van politieke macht en culturele bloei.

Karel de Grote, ook wel bekend als Karel de Grote, werd in 800 uitgeroepen tot keizer van het Frankische Rijk. Zijn heerschappij wordt gekenmerkt door politieke vereniging, economische groei en intellectuele ontwikkeling. Karel de Grote voerde hervormingen door op het gebied van bestuur, rechtssysteem en onderwijs.

Tijdens het bewind van Karel de Grote en de Karolingers werden grote delen van het huidige Nederland geïntegreerd in het Frankische Rijk. Karel de Grote voerde verschillende militaire campagnes in de regio en onderwierp de inheemse volkeren, waaronder de Friezen.

De Franken, een Germaanse stam, vormden de basis van het Frankische Rijk. Ze vestigden zich oorspronkelijk in het gebied dat nu bekend staat als Frankrijk en breidden geleidelijk hun territorium uit. De Franken waren bekend om hun militaire bekwaamheid en hun vermogen om verschillende stammen te verenigen onder één heerschappij.

Het Frankische Rijk had een complex bestuurssysteem, met graven en hertogen die lokaal gezag uitoefenen namens de Karolingische koningen. Het land werd verdeeld in graafschappen en hertogdommen, waarbij elke bestuurlijke eenheid een bepaald gebied vertegenwoordigde.

De Karolingers en Franken brachten ook het christendom naar Nederland. Karel de Grote speelde een actieve rol bij de verspreiding van het christelijk geloof en stichtte verschillende kerken en kloosters. Het geloof werd een belangrijk onderdeel van het Frankische Rijk en had een sterke invloed op de cultuur en samenleving. Na de dood van Karel de Grote begon het Frankische Rijk te verzwakken. Interne conflicten en externe druk leidden tot fragmentatie en politieke verdeeldheid. Het Verdrag van Verdun in 843 verdeelde het Frankische Rijk in drie delen, waarbij het gebied van Nederland werd opgenomen in het Middenrijk, ook wel bekend als Lotharingen.

De erfenis van de Karolingers en Franken is nog steeds zichtbaar in Nederland. De invloed van het Frankische Rijk heeft bijgedragen aan de politieke, culturele en taalkundige ontwikkeling van het land. Het Nederlands is bijvoorbeeld sterk beïnvloed door de Frankische taal en heeft nog steeds overeenkomsten met het Oudnederfrankisch.

De periode van de Karolingers en Franken vormt een belangrijk hoofdstuk in de geschiedenis van Nederland, waarin politieke veranderingen, culturele uitwisseling en de verspreiding van het christendom centraal stonden. Het legde de basis voor latere ontwikkelingen en beïnvloedde de vorming van de Nederlandse identiteit.

# Vikingen en Hun Impact op Nederland

De Vikingen waren een noordelijk zeemansvolk uit Scandinavië dat bekend stond om hun plunderingen, handel en ontdekkingsreizen. Tussen de 8e en 11e eeuw ondernamen de Vikingen reizen over de zeeën en rivieren, en hun aanwezigheid had ook een impact op Nederland.

De Vikingen waren meesters in scheepvaart en navigatie. Met hun slanke, snelle schepen, bekend als drakkars, verkenden ze verre kusten en riviermondingen. Ze bereikten de kusten van Nederland via de Noordzee en de rivieren, zoals de Rijn, Maas en Schelde.

De Vikingen stonden bekend om hun aanvallen op kustgebieden en handelscentra. Ze plunderden nederzettingen, kloosters en dorpen en namen buit mee. Deze invallen veroorzaakten angst en onrust onder de lokale bevolking, die kwetsbaar was voor de aanvallen vanwege de geografische ligging van Nederland aan de kust en rivierdelta's.

De aanwezigheid van de Vikingen had echter niet alleen negatieve gevolgen. De Vikingen waren ook ervaren handelaren en kolonisten. Ze vestigden handelsposten en nederzettingen op verschillende plaatsen langs de kust van Nederland. Dit stimuleerde de handel en bracht nieuwe goederen en ideeën naar de regio.

De Vikingen handelden in verschillende producten, waaronder zilver, wapens, textiel, huiden en slaven. Ze hadden een goed ontwikkeld handelsnetwerk dat zich uitstrekte over grote delen van Europa. Door de handel met de Vikingen kwamen Nederlandse handelaren in contact met nieuwe markten en konden ze hun economische activiteiten uitbreiden.

De Vikingen hadden ook invloed op de politieke situatie in Nederland. Ze vestigden tijdelijke machtsbases en voerden politieke onderhandelingen met lokale heersers. Sommige Vikingen werden zelfs geaccepteerd als leiders of bondgenoten door inheemse stammen. Dit leidde tot politieke veranderingen en machtsverschuivingen in bepaalde delen van Nederland.

De Vikingen hadden ook culturele invloeden op Nederland. Ze brachten hun eigen religie, geloofssystemen en gebruiken met zich mee. Hoewel veel van deze Vikingtradities in de loop van de tijd werden geassimileerd of verdwenen, hebben sommige sporen van hun cultuur zich vermengd met de inheemse cultuur van Nederland.

De invloed van de Vikingen op Nederland nam af in de 11e eeuw, toen de Vikingtijd langzaam tot een einde kwam. De stabilisatie van politieke macht in Europa en de afname van Vikingaanvallen zorgden voor een verandering in de situatie. De handel en culturele uitwisseling tussen de Vikingen en Nederlanders werden geleidelijk vervangen door meer vreedzame contacten en samenwerking.

Ondanks de tijdelijke en soms gewelddadige aard van de Vikingaanwezigheid, heeft hun impact op Nederland een blijvende erfenis nagelaten. De handel, culturele uitwisseling en politieke verschuivingen die voortkwamen uit de Vikingcontacten hebben bijgedragen aan de ontwikkeling en vorming van Nederland als een dynamisch en verbonden deel van Europa.

# De Opkomst van Handel en Steden

De opkomst van handel en steden vormde een keerpunt in de geschiedenis van Nederland. Tijdens de middeleeuwen, vanaf de 11e eeuw, begon de handel op te bloeien en werden steden belangrijke centra van economische en sociale activiteiten.

De geografische ligging van Nederland, met zijn vele rivieren, kustlijnen en havens, bood gunstige omstandigheden voor handel. Nederland lag op belangrijke handelsroutes tussen het noorden en zuiden van Europa, waardoor het land een strategische positie had voor het uitwisselen van goederen.

De handel in Nederland omvatte verschillende producten, waaronder graan, hout, bier, textiel en vis. Steden zoals Amsterdam, Rotterdam, Utrecht en Dordrecht groeiden uit tot belangrijke handelscentra en speelden een sleutelrol in het faciliteren van de handel. Handelaars uit binnen- en buitenland kwamen samen op markten en beurzen om hun waren te kopen en verkopen.

De opkomst van handel leidde tot economische groei en welvaart. Kooplieden en handelaren verdienden aanzienlijke winsten door goederen te verhandelen en investeerden in verschillende sectoren. Ze financierden bijvoorbeeld de bouw van schepen, investeerden in onroerend goed en ondersteunden de oprichting van ambachtsgilden.

De handel bevorderde ook de ontwikkeling van een geld- en bankwezen. Handelaren maakten gebruik van munten als betaalmiddel, en er ontstonden wisselbanken en kredietverleningssystemen om financiële transacties te vergemakkelijken. Dit stimuleerde verdere economische groei en versterkte de positie van de steden als economische centra.

Naast economische activiteiten werd de opkomst van handel ook gevolgd door de ontwikkeling van steden. Steden werden belangrijke centra van politieke, sociale en culturele activiteiten. Ze boden bescherming en rechten aan hun inwoners, wat bijdroeg aan de aantrekkelijkheid van het stadsleven.

Steden waren ook plaatsen van sociale mobiliteit. Ambachten en gilden ontstonden, waar ambachtslieden en handwerkslieden hun vaardigheden konden ontwikkelen en hun beroep konden uitoefenen. Deze ambachten waren georganiseerd in gilden, waarin regels en voorschriften werden vastgesteld om kwaliteit en eerlijke concurrentie te waarborgen.

De groei van de handel en steden had ook invloed op het culturele en intellectuele leven. Steden werden centra van kennis, waar universiteiten, scholen en bibliotheken werden opgericht. Kunst en architectuur bloeiden op, met de bouw van indrukwekkende stadhuizen, kerken en andere openbare gebouwen.

De opkomst van handel en steden in Nederland had een bredere impact op Europa. Nederlandse kooplieden en handelaren breidden hun handelsnetwerken uit over de hele wereld, en Nederlandse steden werden internationale knooppunten van handel en cultuur.

De periode van de opkomst van handel en steden legde de basis voor de latere welvaart en economische dominantie van Nederland. De handelsgeest, innovatie en ondernemersgeest die in deze periode tot bloei kwamen, blijven tot op de dag van vandaag een kenmerkende eigenschap van de Nederlandse samenleving.

# De Hanze: Handelsnetwerk van de Lage Landen

De Hanze was een belangrijk handelsnetwerk dat zich uitstrekte over de Lage Landen en andere delen van Europa tijdens de middeleeuwen. Het was een samenwerkingsverband van steden en handelaren die zich verenigden om hun economische belangen te beschermen en te bevorderen.

De oorsprong van de Hanze gaat terug tot de 12e eeuw, toen handelaren uit verschillende steden in Noord-Duitsland en de Lage Landen zich begonnen te organiseren. Het doel was om handel te drijven en handelsroutes te beschermen tegen piraterij en andere gevaren.

De Hanze groeide snel en breidde zich uit naar andere steden in Europa, waaronder steden in de Lage Landen, zoals Amsterdam, Groningen, Deventer, Kampen en Brugge. Deze steden werden belangrijke handelscentra en speelden een cruciale rol in het Hanzenetwerk.

De Hanze had een aantal belangrijke kenmerken die het tot een succesvol handelsnetwerk maakten. Allereerst was er sprake van wederzijdse samenwerking en solidariteit tussen de aangesloten steden. Ze deelden informatie, handelsprivileges en bescherming, waardoor ze sterker stonden in de concurrentie met andere handelsnetwerken.

Een ander kenmerk van de Hanze was de focus op maritieme handel. De Hanzeleden waren bedreven in scheepvaart en maakten gebruik van hun goed ontwikkelde vloot van koopvaardijschepen om goederen over de zeeën en rivieren te transporteren. Hierdoor konden ze handelscontacten leggen met andere steden en landen, en een uitgebreid netwerk van handelsroutes opzetten.

De Hanze handelde in verschillende goederen, zoals graan, hout, zout, vis, bont en textiel. Deze goederen werden verhandeld over grote afstanden, waardoor de handel tussen de Hanzeleden en andere handelspartners floreerde. De steden van de Lage Landen waren strategisch gelegen aan de kusten en rivieren, waardoor ze een belangrijke rol speelden in de Hanzehandel.

Naast de handel in goederen waren de Hanzeleden ook actief in de financiële sector. Ze ontwikkelden geavanceerde handelspraktijken, zoals wisselbrieven en bankdiensten, om de financiële transacties te vergemakkelijken. Dit stimuleerde verdere economische groei en bevorderde de welvaart van de Hanzeleden.

De Hanze was niet alleen een handelsnetwerk, maar had ook politieke en juridische aspecten. De Hanzeleden kwamen regelmatig bijeen in vergaderingen, bekend als Hanzeconventies, om handelsregels en -voorschriften vast te stellen. Deze conventies bevorderden de handelsbetrekkingen en zorgden voor een stabiel en voorspelbaar klimaat voor de handel.

De invloed van de Hanze op de Lage Landen was significant. De Hanzeleden droegen bij aan de economische groei en welvaart van de steden, bevorderden de culturele uitwisseling en speelden een rol in de ontwikkeling van het rechtssysteem. De Hanze was ook verantwoordelijk voor de verspreiding van kennis en technologieën, en bevorderde daarmee de intellectuele ontwikkeling van de regio.

Naarmate de tijd vorderde, verloor de Hanze geleidelijk aan zijn dominantie als handelsnetwerk. Veranderingen in de economische en politieke situatie leidden tot de opkomst van nieuwe handelsroutes en -netwerken. Desondanks blijft de erfenis van de Hanze levendig in de Lage Landen en herinnert het ons aan de kracht van samenwerking en handel in de geschiedenis van Nederland.

# Middeleeuwse Kastelen en Riddercultuur

In de middeleeuwen speelden kastelen en de bijbehorende riddercultuur een prominente rol in de geschiedenis van Nederland. Kastelen waren imposante bouwwerken die dienden als versterkte residenties voor de adel en symbolen van macht en status.

De bouw van kastelen begon in de 9e eeuw en bereikte zijn hoogtepunt in de 13e en 14e eeuw. Kastelen werden op strategische locaties gebouwd, zoals langs rivieren, op heuvels of bij belangrijke handelsroutes. Ze waren ontworpen om verdedigbaar te zijn en dienden als bescherming tegen vijandige invallen.

Kastelen hadden verschillende kenmerkende elementen. Ze waren omringd door dikke muren, grachten en versterkingen zoals torens en poorten. Binnenin bevonden zich woonvertrekken, kapellen, opslagruimtes, keukens en andere functionele ruimtes. Kastelen waren vaak voorzien van een binnenplaats waar sociale en ceremoniële activiteiten plaatsvonden. De adel, met name ridders, bewoonde de kastelen. Ridders waren krijgers te paard die werden gekenmerkt door hun militaire vaardigheden en ridderlijke code van eer, bekend als de riddereed. Ze dienden als beschermers van de heer van het kasteel en waren betrokken bij toernooien, veldslagen en gewapende conflicten.

De riddercultuur was sterk geworteld in de middeleeuwse samenleving. Ridders werden op jonge leeftijd opgeleid in krijgskunsten, zoals zwaardvechten en boogschieten, en ze streefden naar deugden als moed, loyaliteit en ridderlijkheid. Het ridderschap was voorbehouden aan de adel en werd doorgegeven van vader op zoon.

Kastelen waren niet alleen militaire bolwerken, maar ook centra van bestuur en recht. Ze fungeerden als administratieve centra waar de heer van het kasteel rechtspraak uitoefende en zijn onderdanen bestuurde. Kastelen waren ook het middelpunt van economische activiteiten, aangezien ze vaak landgoederen en landbouwgrond bezaten waarop boeren werkten.

De bouw en het onderhoud van kastelen waren kostbaar. Ze vereisten geschoolde ambachtslieden, zoals steenhouwers, timmerlieden en smeden, om de complexe architectuur en versterkingen te realiseren. Het beheer van een kasteel vergde ook een grote hoeveelheid middelen, zoals geld, arbeid en voedsel, om de bewoners en de verdedigingswerken te onderhouden.

Naarmate de middeleeuwen vorderden, veranderden de strategische behoeften en werd de bouw van kastelen minder gebruikelijk. Technologische ontwikkelingen, zoals de introductie van buskruit en kanonnen, maakten traditionele kasteelversterkingen minder effectief. Daarnaast veranderden ook de politieke en sociale structuren, waardoor de rol van kastelen in de samenleving evolueerde.

Desondanks blijft de nalatenschap van middeleeuwse kastelen en de riddercultuur zichtbaar in Nederland. Veel kastelen hebben de tand des tijds doorstaan en dienen nu als historische monumenten en toeristische attracties. Ze zijn een tastbare herinnering aan een tijdperk van ridders, adel en middeleeuwse macht.

# De Graven van Holland

De graven van Holland hebben een belangrijke rol gespeeld in de geschiedenis van Nederland. Holland was oorspronkelijk een graafschap dat deel uitmaakte van het Heilige Roomse Rijk en later uitgroeide tot een van de belangrijkste gewesten van de Nederlanden.

De eerste graaf van Holland was Dirk I, die in de 10e eeuw regeerde. Onder zijn bewind begon de politieke en territoriale ontwikkeling van het graafschap. De graven van Holland wisten hun invloed uit te breiden door huwelijken, allianties en verwerving van land en rechten.

Gedurende de middeleeuwen bleef Holland een belangrijk centrum van politieke en economische activiteit. De graven van Holland waren betrokken bij conflicten en diplomatieke aangelegenheden, en ze speelden een rol in de machtsverhoudingen in de regio. Ze werkten samen met andere edelen, zoals de graven van Vlaanderen en Gelre, om hun positie te versterken.

Een van de meest invloedrijke graven van Holland was Floris V, die regeerde in de 13e eeuw. Onder zijn bewind werd Holland verder geconsolideerd en kreeg het een sterke centrale regering. Floris V voerde hervormingen door op het gebied van bestuur, rechtspraak en economie, en speelde een belangrijke rol in de handelsontwikkeling van Holland.

Een andere opvallende figuur was graaf Willem II, die later koning van Duitsland werd. Hij speelde een rol in de politieke ontwikkelingen van de Lage Landen en nam deel aan de Derde Kruistocht. Helaas stierf hij op jonge leeftijd, maar zijn nalatenschap en invloed waren van betekenis.

Tijdens het bewind van de graven van Holland begon de welvaart van het graafschap toe te nemen. Holland profiteerde van de gunstige geografische ligging aan de kust, waardoor handel en scheepvaart bloeiden. Steden zoals Amsterdam, Haarlem, Delft en Leiden groeiden uit tot belangrijke handelscentra en speelden een cruciale rol in de economie van Holland.

De graven van Holland stimuleerden de handel en ondersteunden de opkomst van steden door privileges te verlenen en handelsroutes te beschermen. Hollandse kooplieden konden zich verenigen in gilden en genoten van een zekere mate van zelfbestuur en economische vrijheid.

De graven van Holland waren niet alleen politieke heersers, maar ook beschermers van kunst en cultuur. Onder hun bewind werden kerken, kathedralen, kloosters en andere monumentale gebouwen opgericht. Hollandse kunstenaars, zoals de schilder Jan van Eyck, bereikten ook bekendheid in deze periode. Het graafschap Holland kwam uiteindelijk onder het bewind van de Bourgondische hertogen, die de Lage Landen verenigden. Het graafschap werd een onderdeel van het Bourgondische Rijk en later van de Habsburgse Nederlanden.

De graven van Holland hebben een blijvende invloed gehad op de geschiedenis en ontwikkeling van Nederland. Hun heerschappij legde de basis voor de opkomst van Holland als economisch en politiek machtscentrum. De erfenis van de graven van Holland leeft voort in de architectuur, cultuur en identiteit van het huidige Nederland.

# De Gouden Eeuw van Vlaanderen en Brabant

De Gouden Eeuw van Vlaanderen en Brabant was een periode van bloei en welvaart in de geschiedenis van deze regio's. Het was een tijd van economische voorspoed, culturele ontwikkeling en artistieke hoogtepunten die een blijvende impact hebben gehad op de Lage Landen.

De Gouden Eeuw van Vlaanderen en Brabant vond plaats in de 15e en 16e eeuw. Deze periode werd gekenmerkt door een gunstig economisch klimaat, mede dankzij de bloeiende handel en de positie van Vlaanderen en Brabant als belangrijke handelscentra. Steden zoals Brugge, Antwerpen, Gent en Brussel speelden een cruciale rol in de economie van de regio.

Vlaanderen en Brabant waren bekend om hun textielproductie en waren belangrijke spelers in de internationale handel. Ze produceerden hoogwaardige textielproducten, zoals Vlaams laken, die werden geëxporteerd naar andere Europese landen. De handel in textiel bracht rijkdom en welvaart naar de regio en bevorderde de groei van steden. Naast textielhandel floreerden ook andere sectoren in Vlaanderen en Brabant. De scheepvaart en de havenindustrie waren van groot belang, gezien de gunstige geografische ligging aan de kust. Daarnaast speelden de handel in specerijen, edelmetalen en kunstwerken een belangrijke rol in de economie van de regio.

De Gouden Eeuw van Vlaanderen en Brabant was niet alleen een tijd van economische welvaart, maar ook van culturele bloei. De regio was een centrum van artistieke en intellectuele activiteiten, en er ontstond een levendige artistieke scene. Bekende schilders zoals Jan van Eyck, Hieronymus Bosch en Pieter Bruegel de Oude waren afkomstig uit Vlaanderen en Brabant en leverden belangrijke bijdragen aan de kunstgeschiedenis.

Deze periode van culturele bloei werd ook gekenmerkt door de opkomst van de Vlaamse Primitieven. Deze schilders legden de basis voor realistische schilderkunst en maakten gebruik van innovatieve technieken, zoals olieverf op paneel. Hun werken werden gewaardeerd en bewonderd in binnen- en buitenland.

De Gouden Eeuw van Vlaanderen en Brabant was tevens een tijd van politieke veranderingen. Vlaanderen en Brabant waren deel van de Bourgondische Nederlanden, waarin de Hertogen van Bourgondië een centrale rol speelden. Onder hun bewind werden Vlaanderen en Brabant samengebracht in een politieke entiteit en kende de regio een zekere mate van autonomie. Helaas kwam er een einde aan de Gouden Eeuw van Vlaanderen en Brabant door politieke en religieuze conflicten. De opkomst van de Reformatie en de Tachtigjarige Oorlog brachten instabiliteit met zich mee, wat resulteerde in economische achteruitgang en culturele veranderingen in de regio.

Desondanks heeft de Gouden Eeuw van Vlaanderen en Brabant een blijvende erfenis nagelaten. De artistieke prestaties, de rijke cultuur en de economische bloei hebben de regio op de kaart gezet als een belangrijk centrum van handel en kunst. De nalatenschap van deze periode blijft zichtbaar in de historische steden, de musea en de artistieke tradities van Vlaanderen en Brabant.

# Vlaamse Kunst en de Vlaamse Primitieven

De Vlaamse kunst en de Vlaamse Primitieven hebben een bijzondere plaats in de kunstgeschiedenis ingenomen. Deze stroming ontstond in de 15e en 16e eeuw in de regio Vlaanderen en heeft een blijvende impact gehad op de ontwikkeling van de schilderkunst.

De Vlaamse Primitieven waren een groep kunstschilders die bekend stonden om hun realistische en gedetailleerde stijl. Ze werden zo genoemd vanwege hun vroege periode van activiteit en hun focus op religieuze onderwerpen. De Vlaamse Primitieven zetten de basis voor een nieuwe benadering van schilderkunst die het begin markeerde van de Vlaamse artistieke bloei.

Een van de bekendste Vlaamse Primitieven was Jan van Eyck, een schilder uit de 15e eeuw. Van Eyck was een meester in het gebruik van olieverf, wat destijds een innovatieve techniek was. Zijn werken, zoals het beroemde schilderij "Het Lam Gods", kenmerkten zich door hun nauwkeurige details, levendige kleuren en realistische weergave van de natuur.

Een andere opmerkelijke schilder uit deze periode was Hieronymus Bosch. Bosch staat bekend om zijn allegorische en symbolische voorstellingen, vol van mysterie en fantasie. Zijn werken, zoals "De Tuin der Lusten", weerspiegelen zijn unieke visie op de menselijke natuur en zijn gevuld met symboliek en verhalende elementen.

De Vlaamse Primitieven werkten vaak in opdracht van kerkelijke instellingen en rijke kooplieden. Ze schilderden religieuze taferelen, portretten en landschappen. De nadruk lag op het creëren van gedetailleerde composities en het weergeven van emotie en menselijke expressie.

De schilderijen van de Vlaamse Primitieven hadden een grote invloed op de Europese kunst. Kunstenaars uit andere landen werden geïnspireerd door hun technieken en stijl. De Vlaamse Primitieven legden de basis voor de ontwikkeling van de olieverfschilderkunst en de realistische weergave van de wereld.

Naast de Vlaamse Primitieven heeft Vlaanderen als regio een rijke artistieke traditie. Het was een vruchtbare bodem voor kunstenaars en ambachtslieden, mede dankzij de bloeiende handel en de welvarende steden. Naast schilderkunst bloeiden ook andere kunstvormen, zoals beeldhouwkunst, glas-in-lood en tapijtkunst.

De Vlaamse kunst en de Vlaamse Primitieven hebben de tand des tijds doorstaan en blijven een belangrijk onderdeel van het culturele erfgoed van Vlaanderen. Hun werken worden wereldwijd bewonderd en tentoongesteld in gerenommeerde musea. De Vlaamse kunst heeft bijgedragen aan de internationale reputatie van Vlaanderen als een belangrijk centrum van artistieke creativiteit en innovatie.

# Opstand en Onafhankelijkheid: De Tachtigjarige Oorlog

De Tachtigjarige Oorlog, die duurde van 1568 tot 1648, markeerde een cruciale periode in de geschiedenis van de Lage Landen. Deze oorlog ontstond als een opstand van de Nederlandse gewesten tegen het Spaanse gezag en leidde uiteindelijk tot de onafhankelijkheid van de Republiek der Zeven Verenigde Nederlanden.

De oorzaken van de Tachtigjarige Oorlog waren complex en meervoudig. Er waren politieke, religieuze en economische factoren die hebben bijgedragen aan de spanningen tussen de Nederlandse gewesten en het Spaanse Rijk. De Nederlandse bevolking verzette zich tegen de toenemende centralisatie en onderdrukking door de Spaanse koning Filips II.

De oorlog begon met de Beeldenstorm in 1566, een periode van religieuze onrust waarin katholieke kerken werden geplunderd en vernield. Dit leidde tot een harde reactie van de Spaanse autoriteiten, die probeerden om de opstandige gewesten te onderdrukken.

De Tachtigjarige Oorlog werd gekenmerkt door verschillende militaire campagnes en veldslagen. Aanvankelijk had de opstandige partij, onder leiding van Willem van Oranje, te maken met militaire tegenslagen. Maar gaandeweg wisten de Nederlandse opstandelingen zich beter te organiseren en boekten ze successen tegen het Spaanse leger.

Een belangrijk keerpunt in de oorlog was de Slag bij Nieuwpoort in 1600, waarin de Nederlandse opstandelingen onder leiding van Maurits van Oranje een beslissende overwinning behaalden op het Spaanse leger. Deze overwinning gaf een impuls aan de strijd voor onafhankelijkheid.

In 1609 werd een wapenstilstand bereikt, bekend als het Twaalfjarig Bestand, dat duurde tot 1621. Tijdens deze periode werden er onderhandelingen gevoerd tussen de opstandige Nederlandse gewesten en de Spaanse autoriteiten. De spanningen bleven echter bestaan en in 1621 werd de oorlog hervat.

De Tachtigjarige Oorlog eindigde uiteindelijk in 1648 met de Vrede van Münster. Deze vrede erkende de onafhankelijkheid van de Republiek der Zeven Verenigde Nederlanden ten opzichte van het Spaanse Rijk. Het was een belangrijke mijlpaal in de Europese geschiedenis, waarin de Nederlandse Republiek zich vestigde als een onafhankelijke en welvarende natie. De Tachtigjarige Oorlog had verregaande gevolgen voor de politieke, religieuze en economische situatie in de Nederlanden. Het conflict heeft bijgedragen aan de ontwikkeling van de Republiek der Zeven Verenigde Nederlanden als een maritieme en handelsmacht. De opstand tegen het Spaanse gezag droeg ook bij aan de tolerantie en religieuze vrijheid die kenmerkend werden voor de Nederlandse samenleving.

De Tachtigjarige Oorlog is een complex en belangrijk hoofdstuk in de geschiedenis van Nederland. Het conflict heeft de identiteit en het karakter van het land gevormd en heeft een blijvende invloed gehad op de politieke, sociale en culturele ontwikkeling van de Nederlandse samenleving.

# Willem van Oranje en de Opkomst van de Republiek

Willem van Oranje, ook bekend als Willem de Zwijger, was een belangrijke figuur in de geschiedenis van Nederland. Hij speelde een cruciale rol in de opstand tegen het Spaanse gezag en wordt beschouwd als de grondlegger van de Nederlandse Republiek.

Geboren in 1533 als zoon van een adellijke familie, werd Willem van Oranje op jonge leeftijd geïntroduceerd in de politieke en sociale kringen van de Nederlanden. Hij diende als hoveling aan het Bourgondische hof en bekleedde verschillende politieke functies, waaronder stadhouder van Holland, Zeeland en Utrecht.

Willem van Oranje raakte steeds meer betrokken bij de politieke onrust in de Nederlanden als gevolg van de toenemende onderdrukking door het Spaanse Rijk onder koning Filips II. Hij kwam op voor de belangen van de Nederlandse gewesten en zette zich in voor de verdediging van de protestantse religie.

In 1568 leidde Willem van Oranje een gewapende opstand tegen het Spaanse gezag, wat het begin markeerde van de Tachtigjarige Oorlog. Hij werd al snel een symbool van verzet tegen de Spaanse overheersing en streefde naar religieuze tolerantie en politieke vrijheid voor de Nederlandse gewesten.

Willem van Oranje slaagde erin om een georganiseerde en effectieve opstandige beweging op te bouwen. Hij werkte samen met andere edelen en steden om zich te verzetten tegen de Spaanse troepen. Ondanks militaire tegenslagen slaagde hij erin om de Nederlandse gewesten te verenigen en de basis te leggen voor de vorming van een onafhankelijke staat.

Een belangrijk moment in het leven van Willem van Oranje was de moord op hem in 1584. Hij werd vermoord door Balthasar Gerards, een fanatieke katholieke aanhanger van de Spaanse koning. De moord op Willem van Oranje zorgde voor een schok in de Nederlanden en versterkte het verlangen naar onafhankelijkheid en vrijheid.

Na de dood van Willem van Oranje zetten zijn nakomelingen zijn strijd voort. Zijn zoon, Maurits van Oranje, was een bekwame militaire leider en behaalde belangrijke overwinningen tijdens de Tachtigjarige Oorlog. Ook zijn kleinzoon, Willem II, speelde een rol in de politieke ontwikkelingen van de Republiek.

De opstand onder leiding van Willem van Oranje legde de basis voor de vorming van de Republiek der Zeven Verenigde Nederlanden. De Republiek werd officieel erkend in de Vrede van Münster in 1648 en groeide uit tot een bloeiende handelsmacht en een centrum van tolerantie en vrijheid.

Willem van Oranje wordt vaak geëerd als een nationale held in Nederland. Zijn visie op politieke vrijheid, religieuze tolerantie en eenheid van de Nederlandse gewesten heeft een blijvende invloed gehad op de Nederlandse identiteit en samenleving. Zijn nalatenschap als "Vader des Vaderlands" wordt nog steeds gewaardeerd en herinnerd.

# De VOC: Een Wereldwijd Handelsimperium

De Verenigde Oost-Indische Compagnie, beter bekend als de VOC, was een Nederlands handelsbedrijf dat van 1602 tot 1799 actief was. De VOC wordt beschouwd als een van de grootste en meest invloedrijke handelsorganisaties in de geschiedenis en vestigde een wereldwijd handelsimperium.

De oprichting van de VOC was het resultaat van de samenvoeging van verschillende handelscompagnieën die actief waren in de handel met het oosten, met name de Indische Archipel. Het doel van de VOC was om de Nederlandse handel te versterken en controle te verwerven over de lucratieve specerijenhandel.

De VOC kreeg van de Nederlandse overheid het monopolie op de handel met Azië, wat betekende dat alleen zij het recht hadden om handel te drijven in de regio. Dit gaf de VOC een aanzienlijke macht en invloed op het wereldtoneel.

Om haar handelsactiviteiten te beschermen en uit te breiden, had de VOC een machtige marine. Het bouwde een vloot van schepen, waaronder de beroemde "VOC-schepen" zoals de fluitschip en de Oost-Indiëvaarder. Deze schepen waren ontworpen voor efficiëntie en waren in staat grote hoeveelheden goederen te vervoeren over lange afstanden.

De VOC vestigde handelsposten en nederzettingen in verschillende delen van Azië, waaronder Batavia (het huidige Jakarta), Malakka, Ceylon (het huidige Sri Lanka),

Kaap de Goede Hoop (het huidige Zuid-Afrika) en vele andere locaties. Deze handelsposten dienen als uitvalsbases voor de VOC om goederen te verhandelen en te verschepen naar Europa.

De VOC was voornamelijk betrokken bij de handel in specerijen, zoals peper, nootmuskaat, kruidnagel en kaneel. Deze specerijen waren erg gewild in Europa en brachten enorme winsten op. De VOC had het monopolie op de specerijenhandel en gebruikte dit om haar winsten te maximaliseren.

Naast specerijen handelde de VOC ook in andere goederen, zoals textiel, porselein, zijde en thee. Het handelsimperium van de VOC strekte zich uit over grote delen van Azië en zelfs tot in Afrika. Het had een enorme impact op de economieën van de landen waar het actief was en speelde een rol in het vormgeven van de wereldhandel.

De VOC was niet alleen een handelsorganisatie, maar ook een politieke en militaire macht. Het onderhield diplomatieke relaties met lokale heersers en voerde militaire operaties uit om haar handelsbelangen te beschermen. Het had een eigen leger en was betrokken bij verschillende conflicten in de regio.

De VOC had ook een grote invloed op de Nederlandse samenleving. Het bracht enorme rijkdom naar Nederland en speelde een rol in de groei van steden zoals Amsterdam. De winsten van de VOC werden geïnvesteerd in de Nederlandse economie en droegen bij aan de ontwikkeling van infrastructuur, kunst en wetenschap.

Ondanks haar succes en macht kreeg de VOC ook te maken met uitdagingen en problemen. Corruptie, machtsmisbruik en conflicten met concurrenten waren enkele van de problemen waarmee de VOC werd geconfronteerd. Uiteindelijk leidde dit tot haar ondergang en werd de VOC in 1799 opgeheven.

De VOC heeft een blijvende impact gehad op de geschiedenis en de wereldhandel. Haar handelsimperium heeft de Nederlandse positie als een wereldmacht versterkt en heeft de weg geëffend voor verdere koloniale expansie. De VOC wordt vaak gezien als een symbool van het Nederlandse handels- en maritieme verleden.

# De Gouden Eeuw: Handel, Wetenschap en Kunst

De Gouden Eeuw is een periode in de geschiedenis van Nederland die wordt gekenmerkt door een ongekende bloei op het gebied van handel, wetenschap en kunst. Deze periode, die ongeveer de 17e eeuw beslaat, heeft een blijvende impact gehad op de Nederlandse samenleving en cultuur.

Een van de belangrijkste pijlers van de Gouden Eeuw was de handel. Nederland groeide uit tot een belangrijk handelscentrum in Europa, met Amsterdam als het kloppend hart van de handelsactiviteiten. Nederlandse handelaren waren betrokken bij wereldwijde handelsnetwerken en hadden een dominante positie in de internationale handel.

De Nederlandse handel richtte zich voornamelijk op scheepvaart en koloniale activiteiten. Nederlandse schepen voeren naar alle uithoeken van de wereld, waarbij ze goederen zoals specerijen, textiel, porselein en edelmetalen verhandelden. De Verenigde Oost-Indische Compagnie (VOC) en de West-Indische Compagnie (WIC) waren belangrijke spelers in deze handelsactiviteiten.

De welvaart die voortkwam uit de handel stimuleerde de groei van steden, zoals Amsterdam, Haarlem en Delft. Deze steden werden centra van economische activiteit en culturele bloei. Ze trokken handelaren, ambachtslieden, wetenschappers en kunstenaars aan, die bijdroegen aan de ontwikkeling van een levendige en kosmopolitische samenleving.

Naast handel speelde wetenschap een belangrijke rol in de Gouden Eeuw. Nederlandse wetenschappers maakten belangrijke ontdekkingen en droegen bij aan de vooruitgang van verschillende disciplines. Wetenschappers zoals Christiaan Huygens, Antoni van Leeuwenhoek en Hugo de Groot genoten internationale erkenning en leverden baanbrekend werk op het gebied van wiskunde, natuurkunde, geneeskunde en rechtsgeleerdheid.

De wetenschappelijke vooruitgang in Nederland werd ondersteund door de oprichting van academies en genootschappen, waarin wetenschappers en intellectuelen samenwerkten en kennis deelden. De oprichting van de Universiteit Leiden in 1575 was een belangrijk moment in de ontwikkeling van het Nederlandse wetenschappelijke landschap.

Naast handel en wetenschap floreerde ook de kunst in de Gouden Eeuw. Nederlandse kunstenaars maakten indrukwekkende werken in verschillende genres, waaronder schilderkunst, architectuur en literatuur. Bekende schilders zoals Rembrandt van Rijn, Johannes Vermeer en Frans Hals waren actief in deze periode en hebben meesterwerken voortgebracht die wereldwijd worden bewonderd.

De Gouden Eeuw was een tijd van bloeiende schilderkunst, waarin realisme, licht en schaduw, en het weergeven van het dagelijks leven belangrijke kenmerken waren. Naast schilderkunst kende de Gouden Eeuw ook een bloeiende architectuur, waarbij karakteristieke grachtenpanden en imposante stadhuizen werden gebouwd.

De Nederlandse literatuur kende ook grote namen in deze periode, zoals Joost van den Vondel en Pieter Corneliszoon

Hooft. Hun werken getuigen van de rijke literaire traditie en intellectuele verfijning van de Gouden Eeuw.

De Gouden Eeuw van Nederland heeft een blijvende erfenis nagelaten. Het heeft de basis gelegd voor de moderne Nederlandse samenleving, met haar nadruk op handel, tolerantie en innovatie. De culturele en artistieke prestaties van de Gouden Eeuw blijven inspireren en worden nog steeds gewaardeerd, zowel in Nederland als daarbuiten.

# Rembrandt en de Nederlandse Meesters

Rembrandt van Rijn is een van de bekendste en meest invloedrijke kunstenaars uit de Nederlandse geschiedenis. Samen met andere Nederlandse meesters heeft hij een onuitwisbare stempel gedrukt op de kunstwereld. In dit hoofdstuk verkennen we het leven en de artistieke bijdragen van Rembrandt en enkele andere prominente Nederlandse meesters uit zijn tijd.

Rembrandt van Rijn werd geboren in Leiden in 1606 en groeide uit tot een van de meest vernieuwende schilders van zijn tijd. Hij wordt vooral geprezen om zijn unieke stijl, zijn vermogen om emotie vast te leggen en zijn beheersing van licht en donker, ook wel bekend als chiaroscuro.

Rembrandt's schilderijen zijn divers en omvatten portretten, historische taferelen, landschappen en religieuze voorstellingen. Hij schilderde met grote aandacht voor detail en wist zijn onderwerpen op een meeslepende en realistische manier vast te leggen. Bekende werken van Rembrandt zijn onder andere "De Nachtwacht", "De Staalmeesters" en "Het Joodse Bruidje".

Naast Rembrandt waren er nog andere meesters uit de Gouden Eeuw van de Nederlandse schilderkunst. Johannes Vermeer is bijvoorbeeld bekend om zijn verfijnde en intieme taferelen, zoals "Het Meisje met de Parel" en "Gezicht op Delft". Vermeer staat bekend om zijn gebruik van licht en zijn nauwkeurige weergave van details.

Frans Hals was een andere prominente Nederlandse meester uit die tijd. Zijn schilderijen, vooral portretten en groepsportretten, staan bekend om hun losse penseelstreken en expressieve weergave van de geportretteerden. Hals' werken stralen levendigheid en spontaniteit uit, zoals te zien is in zijn beroemde stukken zoals "De Vrolijke Drinker" en "De Regenten van het Oudemannenhuis".

De Nederlandse meesters van de Gouden Eeuw waren niet alleen bedreven in de schilderkunst, maar ook in andere disciplines. Gerard ter Borch was een meester in het schilderen van elegante interieurs en intieme scènes, terwijl Jacob van Ruisdael indrukwekkende landschappen creëerde die de grootsheid van de Nederlandse natuur tot leven brachten.

De werken van Rembrandt en de Nederlandse meesters waren niet alleen geliefd in Nederland, maar ook daarbuiten. Hun talent en vernieuwende technieken werden bewonderd en beïnvloedden andere kunstenaars in Europa. De Nederlandse schilderkunst van de Gouden Eeuw had een blijvende impact op de kunstgeschiedenis en wordt nog steeds bestudeerd en gewaardeerd.

Het werk van Rembrandt en de Nederlandse meesters weerspiegelt de rijkdom en diversiteit van de Gouden Eeuw. Ze hebben bijgedragen aan de artistieke bloei en het culturele erfgoed van Nederland. Hun kunst blijft inspireren en roept bewondering op voor hun meesterschap en de tijdloze schoonheid die ze hebben weten te creëren.

# Michiel de Ruyter: De Nederlandse Zeeheld

Michiel Adriaenszoon de Ruyter, geboren in 1607, was een van de meest bekende en gerespecteerde zeehelden in de Nederlandse geschiedenis. Zijn indrukwekkende carrière als admiraal maakte hem tot een symbool van moed, bekwaamheid en toewijding aan de Nederlandse marine.

De Ruyter begon zijn maritieme loopbaan als eenvoudige matroos, maar klom snel op in de rangen van de marine. Hij nam deel aan verschillende zeeslagen en liet al vroeg zien over uitzonderlijke vaardigheden te beschikken als zeeman en tactisch strateeg.

Een van de bekendste prestaties van Michiel de Ruyter was zijn betrokkenheid bij de Engels-Nederlandse oorlogen in de 17e eeuw. Hij voerde meerdere succesvolle aanvallen uit op Engelse schepen en kreeg al snel de reputatie van een geduchte tegenstander.

Een van de hoogtepunten in zijn carrière was de Tocht naar Chatham in 1667, waarbij De Ruyter de Engelse vloot in de rivier de Medway aanviel en vernietigde. Deze overwinning werd gezien als een triomf voor de Nederlandse marine en bracht aanzienlijke schade toe aan de Engelse vloot.

Naast zijn militaire successen stond Michiel de Ruyter ook bekend om zijn integriteit en menselijkheid. Hij was geliefd onder zijn manschappen en stond bekend om zijn zorg voor hun welzijn. De Ruyter werd bewonderd als een leider die zijn mannen inspireerde en motiveerde, zelfs in de meest uitdagende omstandigheden.

De Ruyter's roem en reputatie reikten ver buiten de grenzen van Nederland. Hij werd gerespecteerd en geëerd in verschillende Europese landen, waaronder Engeland en Frankrijk. Zijn vermogen om diplomatie en militaire vaardigheden te combineren maakte hem tot een waardevolle bondgenoot en onderhandelaar.

Helaas kwam aan de indrukwekkende carrière van Michiel de Ruyter een tragisch einde. In 1676 kwam hij om het leven tijdens een zeeslag tegen de Fransen. Zijn dood werd betreurd in Nederland en markeerde het einde van een tijdperk van Nederlandse maritieme suprematie.

Michiel de Ruyter wordt nog steeds herinnerd als een van de grootste zeehelden in de Nederlandse geschiedenis. Zijn nalatenschap is voelbaar in de Nederlandse maritieme traditie en zijn verhaal blijft inspireren en bewondering oproepen. De Ruyter symboliseert de moed, vastberadenheid en trots van de Nederlandse marine en blijft een bron van nationale trots.

# De Glorietijd van de Nederlandse Koloniën

De Glorietijd van de Nederlandse Koloniën verwijst naar een periode in de geschiedenis waarin Nederland een aanzienlijk koloniaal rijk bezat en een belangrijke rol speelde in de wereldwijde handel. Deze periode, die zich voornamelijk afspeelde tijdens de 17e en 18e eeuw, wordt gekenmerkt door de expansie van Nederlandse koloniën over de hele wereld en de groei van de Nederlandse handelsmacht.

De Nederlandse koloniale expansie begon al in de 16e eeuw, maar bereikte zijn hoogtepunt tijdens de Gouden Eeuw. De Verenigde Oost-Indische Compagnie (VOC) en de West-Indische Compagnie (WIC) speelden een cruciale rol in het vestigen en beheren van de Nederlandse koloniën.

Een van de belangrijkste Nederlandse koloniën was Nederlands-Indië, het huidige Indonesië. De VOC verwierf grote delen van het huidige Indonesië, waaronder Java, Sumatra en de Molukken. Deze gebieden waren rijk aan specerijen en andere waardevolle goederen, die van groot economisch belang waren voor Nederland.

Daarnaast had Nederland ook koloniën in andere delen van de wereld. In Amerika had de WIC nederzettingen in onder andere Nieuw-Nederland (het huidige New York), Suriname en Curaçao. In Afrika waren er Nederlandse handelsposten en koloniën, zoals de Kaapkolonie (het huidige Zuid-Afrika).

De Nederlandse koloniën waren niet alleen economisch belangrijk, maar hadden ook invloed op de culturele en sociale ontwikkeling van de gebieden waar ze zich bevonden. Nederlandse kolonisten brachten hun taal, cultuur en gebruiken met zich mee, wat leidde tot een zekere mate van culturele assimilatie en uitwisseling.

De koloniën dienden als centra van handel en brachten grote rijkdom naar Nederland. De Nederlandse handelscompagnieën monopoliseerden de handel in specerijen, koffie, suiker, tabak en andere waardevolle producten. De winsten die werden gegenereerd door de handel met de koloniën droegen bij aan de welvaart van Nederland en financierden de groei van de Nederlandse economie.

Naast economische voorspoed brachten de Nederlandse koloniën ook uitdagingen met zich mee. Er waren conflicten met inheemse bevolkingsgroepen en rivaliserende Europese machten. Ook waren er ethische vraagstukken met betrekking tot koloniale overheersing en de behandeling van inheemse volkeren.

De Glorietijd van de Nederlandse Koloniën eindigde in de 19e eeuw, toen Nederland verschillende koloniën verloor als gevolg van dekolonisatiebewegingen en geopolitieke veranderingen. De Nederlandse invloed in de koloniën nam af en uiteindelijk verkregen de meeste koloniën hun onafhankelijkheid.

De erfenis van de Nederlandse koloniën is complex en omstreden. Hoewel er economische voordelen waren, brachten de koloniën ook menselijk leed en ongelijkheid met zich mee. De historische impact van de Nederlandse koloniën wordt vandaag de dag nog steeds besproken en onderzocht, en heeft invloed op de relatie tussen Nederland en voormalige koloniën.

De Glorietijd van de Nederlandse Koloniën is een belangrijk onderdeel van de Nederlandse geschiedenis. Het laat zien hoe Nederland zich heeft ontwikkeld tot een wereldmacht en hoe het kolonialisme het land heeft beïnvloed. Het is een complexe periode waarin verschillende aspecten van economie, politiek, cultuur en ethiek samenkomen. Het blijft een onderwerp van discussie en reflectie, waarbij het belangrijk is om een kritische en inclusieve benadering te hanteren bij het bestuderen van dit stuk geschiedenis.

# De Verlichting en de Nederlandse Denkers

De Verlichting was een intellectuele en culturele beweging die zich in de 18e eeuw verspreidde en grote invloed had op de westerse samenleving. Ook Nederland werd beïnvloed door de Verlichting, en veel Nederlandse denkers speelden een belangrijke rol in deze periode van intellectuele vernieuwing.

De Verlichting legde de nadruk op rede, rationaliteit en wetenschap als middelen om de wereld te begrijpen en te verbeteren. Het was een tijd van kritisch denken, waarbij dogma's en traditionele autoriteiten werden bevraagd. In plaats daarvan werd er gestreefd naar vrijheid, gelijkheid en tolerantie.

Een van de meest prominente Nederlandse denkers uit de Verlichting was Baruch de Spinoza. Spinoza wordt beschouwd als een van de grootste filosofen in de geschiedenis en zijn werk had invloed op uiteenlopende gebieden, zoals ethiek, metafysica en politieke filosofie. Zijn ideeën over de eenheid van God en de natuur, en zijn pleidooi voor vrijheid van denken en meningsuiting, waren baanbrekend in zijn tijd.

Een andere belangrijke Nederlandse denker was Pieter Paulus, een politicus en jurist die zich inzette voor democratische hervormingen en burgerrechten. Hij was medeopsteller van de eerste Nederlandse grondwet, de Patriotse Grondwet van 1798, die een aantal democratische principes introduceerde en de basis legde voor latere politieke ontwikkelingen in Nederland.

Een andere invloedrijke figuur uit de Nederlandse Verlichting was Etienne Luzac, een uitgever en publicist. Hij was de oprichter van de Gazette de Leyde, een belangrijk politiek en literair tijdschrift dat een platform bood aan Verlichtingsdenkers en hun ideeën verspreidde. Luzac speelde een rol in het verspreiden van Verlichtingsideeën in Nederland en daarbuiten.

Naast individuele denkers waren er ook gezelschappen en genootschappen die zich toelegden op het verspreiden van Verlichtingsideeën en het bevorderen van kennis. Een voorbeeld hiervan was het Hollandsche Maatschappij der Wetenschappen, opgericht in 1752. Dit genootschap stimuleerde wetenschappelijk onderzoek en organiseerde lezingen en debatten om ideeën uit te wisselen.

De Verlichting had invloed op verschillende domeinen, waaronder politiek, wetenschap, literatuur en kunst. Nederlandse schrijvers, zoals Betje Wolff en Aagje Deken, omarmden de Verlichtingsidealen en schreven werken die pleitten voor gelijkheid en vrijheid van denken. Ook kunstenaars, zoals de schilder Jan Ekels, werden beïnvloed door de Verlichtingsideeën en richtten zich op het weergeven van de realiteit en maatschappelijke thema's.

De Verlichting en de Nederlandse denkers hebben bijgedragen aan de ontwikkeling van de Nederlandse samenleving en cultuur. Ze hebben de basis gelegd voor modern denken en hebben het pad geëffend voor latere politieke en sociale veranderingen. Hun nadruk op rationaliteit, vrijheid en tolerantie blijft van invloed op onze samenleving en biedt een waardevol perspectief bij het begrijpen van de Nederlandse geschiedenis.

# De Franse Tijd en de Bataafse Republiek

De Franse Tijd, die duurde van 1795 tot 1813, markeerde een belangrijke periode in de Nederlandse geschiedenis. Tijdens deze periode oefende Frankrijk grote invloed uit op Nederland en werden er ingrijpende politieke en sociale veranderingen doorgevoerd. De Franse overheersing leidde uiteindelijk tot de vorming van de Bataafse Republiek.

De Franse Tijd begon met de inval van Franse troepen in Nederland in 1795. De Republiek der Zeven Verenigde Nederlanden, die in verval was geraakt, werd omvergeworpen en de Fransen vestigden de Bataafse Republiek als een vazalstaat van Frankrijk. Dit betekende dat Nederland onder Franse invloed en controle kwam te staan.

Onder het Franse bewind werden er tal van hervormingen doorgevoerd in Nederland. Het oude politieke systeem werd afgeschaft en vervangen door een centraal bestuur. De Franse wetgeving, de Code Napoléon, werd geïntroduceerd en verving de oude gewoonterechtstelsels. Hierdoor werden er belangrijke juridische en sociale veranderingen doorgevoerd.

Ook op het gebied van bestuur en politiek waren er veranderingen. De Bataafse Republiek was een representatieve democratie, waarbij er een grondwet werd opgesteld en een volksvertegenwoordiging, het Vertegenwoordigend Lichaam, werd ingesteld. Hoewel de macht nog steeds grotendeels bij de elite lag, waren er meer mogelijkheden voor politieke participatie dan onder het oude regime.

Economisch gezien bracht de Franse Tijd gemengde resultaten voor Nederland. Aan de ene kant waren er voordelen, zoals het wegvallen van handelsbelemmeringen binnen het Franse keizerrijk en de modernisering van het belastingstelsel. Aan de andere kant leed Nederland onder de economische oorlogsvoering tussen Frankrijk en Groot-Brittannië, wat resulteerde in handelsbeperkingen en economische achteruitgang.

Cultureel gezien had de Franse Tijd ook invloed op Nederland. Er was een toenemende interesse in de Franse taal, literatuur en cultuur. Kunst en architectuur werden beïnvloed door de neoclassicistische stijl, die in lijn was met de heersende trends in Frankrijk.

De Franse Tijd eindigde met de nederlaag van Napoleon in 1813. Nederland kwam onder invloed van het Congres van Wenen en de monarchie werd hersteld met de komst van Koning Willem I. De Bataafse Republiek maakte plaats voor het Koninkrijk der Nederlanden.

Hoewel de Franse Tijd van betrekkelijk korte duur was, had het een blijvende impact op Nederland. Het bracht politieke, juridische en sociale veranderingen teweeg die de basis legden voor verdere modernisering en democratisering in Nederland. De Franse Tijd en de Bataafse Republiek vormen een interessante periode in de Nederlandse geschiedenis, waarin Nederland onder invloed stond van het machtige Frankrijk.

# Napoleon en het Koninkrijk Holland

De periode waarin Napoleon Bonaparte aan de macht was, had ook grote gevolgen voor Nederland. Napoleon strekte zijn invloed uit over grote delen van Europa, en Nederland ontsnapte niet aan zijn ambitie. Tijdens deze periode werd het Koninkrijk Holland opgericht, een vazalstaat van Frankrijk onder het bewind van Napoleon's broer, Lodewijk Napoleon.

In 1806 werd Lodewijk Napoleon door zijn broer Napoleon aangewezen als koning van Holland. Het Koninkrijk Holland omvatte een groot deel van het huidige Nederland, inclusief gebieden die voorheen tot de Republiek der Zeven Verenigde Nederlanden behoorden. De oprichting van het koninkrijk markeerde een breuk met de Bataafse Republiek en de introductie van een monarchie in Nederland.

Lodewijk Napoleon probeerde een evenwicht te vinden tussen de wensen van zijn broer Napoleon en de belangen van het Nederlandse volk. Hij voerde enkele hervormingen door, waaronder de modernisering van het bestuur en de rechtspraak. Hij toonde ook interesse in de Nederlandse cultuur en geschiedenis en stimuleerde de kunsten en wetenschappen.

Ondanks deze inspanningen was de periode onder Lodewijk Napoleon niet altijd gemakkelijk voor Nederland. Het land had te maken met economische uitdagingen, waaronder handelsbeperkingen als gevolg van het continentale stelsel dat Napoleon had ingesteld. Het continentale stelsel beoogde de handel met Groot-Brittannië te belemmeren, maar had negatieve gevolgen voor de Nederlandse economie, die sterk afhankelijk was van internationale handel.

Daarnaast werd Nederland geconfronteerd met de inbeslagname van zijn koloniën door de Britten tijdens de Napoleontische oorlogen. Dit had aanzienlijke economische gevolgen voor Nederland, aangezien het de toegang tot belangrijke handelsroutes en grondstoffen beperkte.

Het bewind van Lodewijk Napoleon duurde slechts enkele jaren. In 1810 annexeerde Napoleon het Koninkrijk Holland en voegde het toe aan het Franse keizerrijk. Nederland werd onderdeel van het Franse grondgebied en het koninkrijk hield op te bestaan.

Het bewind van Napoleon in Nederland had een blijvende impact op het land. De hervormingen die tijdens het Koninkrijk Holland werden doorgevoerd, legden de basis voor verdere modernisering en democratisering in Nederland. Daarnaast brachten de economische uitdagingen en de verlies van koloniën tijdens deze periode belangrijke veranderingen met zich mee voor de Nederlandse handel en economie.

Het einde van de Franse overheersing in 1813 leidde tot de heroprichting van het Koninkrijk der Nederlanden onder het bewind van Koning Willem I. Dit markeerde het begin van een nieuwe periode in de Nederlandse geschiedenis, waarin Nederland streed om zijn positie te herstellen en zich verder te ontwikkelen als een onafhankelijke natie.

Het bewind van Napoleon en het bestaan van het Koninkrijk Holland illustreren de complexiteit en de veranderingen die Nederland doormaakte tijdens deze turbulente periode in de Europese geschiedenis. Het is een tijdperk waarin politiek, economie en maatschappij elkaar beïnvloedden en waarin Nederland zowel uitdagingen als mogelijkheden kende. Het begrip van deze periode is essentieel om de ontwikkeling van Nederland in de 19e eeuw en daarna te begrijpen.

# De Industriële Revolutie in Nederland

De Industriële Revolutie was een periode van ingrijpende veranderingen in de productie, technologie en levensstijl die plaatsvond in de 19e eeuw. Ook Nederland maakte deel uit van deze revolutionaire ontwikkelingen, zij het in een iets ander tempo en op een andere schaal dan landen als Engeland en Duitsland.

De Industriële Revolutie in Nederland begon later dan in andere Europese landen, maar de impact ervan was al snel merkbaar. Het proces van industrialisatie verspreidde zich geleidelijk over verschillende sectoren van de economie, zoals textiel, scheepsbouw, mijnbouw en voedselverwerking.

Een belangrijk kenmerk van de Industriële Revolutie was de opkomst van fabrieken en de mechanisatie van productieprocessen. Traditionele ambachtelijke productiemethoden werden vervangen door geautomatiseerde machines en massaproductie. Dit leidde tot een aanzienlijke toename van de productiecapaciteit en efficiëntie.

De textielindustrie was een van de eerste sectoren die werd getroffen door de industrialisatie. Stoommachines en mechanische weefgetouwen maakten grootschalige productie mogelijk, waardoor Nederlandse textielfabrikanten konden concurreren op de internationale markt. Steden zoals Enschede en Tilburg groeiden uit tot belangrijke textielcentra.

Naast textiel speelde de scheepsbouw een cruciale rol in de Nederlandse industriële ontwikkeling. Nederlandse scheepswerven begonnen stoomschepen te bouwen en te moderniseren, waardoor de handel en transport efficiënter werden. De Nederlandse koopvaardijvloot groeide gestaag en droeg bij aan de economische bloei van het land.

De Industriële Revolutie had ook gevolgen voor de mijnbouwsector. In Limburg werden steenkoolmijnen geopend, wat resulteerde in een groeiende energievoorziening en de opkomst van de zware industrie in die regio. Steenkool was een cruciale brandstof voor fabrieken en machinerieën.

De voedselverwerkingsindustrie profiteerde ook van de industriële ontwikkelingen. Stoommachines werden geïntroduceerd in graanmolens, suikerfabrieken en zuivelfabrieken, waardoor de productie kon worden opgeschaald en efficiënter kon worden uitgevoerd.

De Industriële Revolutie bracht grote veranderingen met zich mee voor de Nederlandse samenleving. De traditionele ambachtelijke productie maakte plaats voor fabrieksarbeid, wat resulteerde in nieuwe arbeidsomstandigheden en sociale veranderingen. Arbeiders verlieten het platteland en trokken naar de steden op zoek naar werk in de fabrieken.

De opkomst van de industrie bracht ook infrastructuurverbeteringen met zich mee. Het spoorwegnetwerk werd uitgebreid, waardoor goederen en mensen sneller en efficiënter konden worden vervoerd. Dit bevorderde de handel en economische groei.

De Industriële Revolutie in Nederland verliep echter op een gematigder tempo dan in sommige andere landen.

Nederland had een sterke agrarische traditie en het platteland bleef een belangrijk onderdeel van de economie. Bovendien hadden Nederlandse ondernemers vaak een conservatievere benadering ten opzichte van nieuwe technologieën, waardoor de industrialisatie in sommige sectoren achterbleef.

Desalniettemin droeg de Industriële Revolutie bij aan de economische groei en modernisering van Nederland. Het legde de basis voor de latere industriële ontwikkeling en versterkte de positie van Nederland als handelsnatie.

De Industriële Revolutie in Nederland ging echter ook gepaard met uitdagingen. Arbeidsomstandigheden waren vaak zwaar en er ontstonden sociale ongelijkheden. De snelle verstedelijking bracht ook stedelijke problemen met zich mee, zoals slechte huisvesting en een gebrek aan sanitaire voorzieningen.

Het is belangrijk om de impact van de Industriële Revolutie in Nederland in perspectief te plaatsen en rekening te houden met de diversiteit van ervaringen binnen de samenleving. De industriële ontwikkelingen brachten kansen en uitdagingen met zich mee, en de gevolgen waren merkbaar in verschillende regio's en sociale groepen.

De Industriële Revolutie heeft Nederland gevormd en heeft tot op de dag van vandaag een blijvende invloed op de economische, sociale en technologische ontwikkeling van het land. Het is een belangrijk hoofdstuk in de Nederlandse geschiedenis dat ons helpt de huidige samenleving beter te begrijpen.

# De Eerste Wereldoorlog en Nederland's Neutraliteit

De Eerste Wereldoorlog, die plaatsvond van 1914 tot 1918, was een wereldwijd conflict dat grote veranderingen teweegbracht. Nederland speelde een unieke rol in deze oorlog, namelijk die van een neutrale natie te midden van de strijdende partijen.

Toen de oorlog uitbrak in 1914, verklaarde Nederland haar neutraliteit. Dit betekende dat Nederland geen deelnam aan de militaire confrontaties en probeerde zich afzijdig te houden van de strijdende partijen. Nederland was niet betrokken bij het bondgenootschapssysteem dat Europa verdeelde in de aanloop naar de oorlog en maakte van deze gelegenheid gebruik om haar neutraliteit te verklaren.

De neutraliteit van Nederland tijdens de Eerste Wereldoorlog bracht zowel uitdagingen als kansen met zich mee. Een van de grootste uitdagingen was de handhaving van de neutraliteit in een tijd van internationale spanningen. Nederland probeerde een strikte neutraliteit te handhaven en te voorkomen dat haar grondgebied werd betrokken bij het conflict.

De geografische ligging van Nederland speelde een belangrijke rol bij het handhaven van de neutraliteit. Nederland was omringd door landen die betrokken waren bij de oorlog, zoals Duitsland, België en het Verenigd Koninkrijk. Deze nabijheid zorgde voor uitdagingen, zoals de schending van de Nederlandse grenzen door troepen en de gevolgen van de blokkade van de Noordzee door de geallieerden.

De neutraliteit van Nederland bood echter ook kansen. Het land profiteerde economisch van de oorlog doordat het handel dreef met beide kampen. Nederlandse bedrijven leverden goederen aan zowel de geallieerden als de centrale mogendheden. Deze handel bracht weliswaar economische voordelen met zich mee, maar leidde ook tot ethische dilemma's en kritiek vanuit verschillende hoeken.

De Eerste Wereldoorlog had ook gevolgen voor de Nederlandse samenleving. Nederland werd overspoeld door een grote stroom vluchtelingen uit oorlogsgebieden, met name uit België. Dit zorgde voor sociale en humanitaire uitdagingen, maar Nederland probeerde hulp te bieden aan degenen die hun toevlucht zochten in het land.

Hoewel Nederland neutraal bleef gedurende de hele oorlog, was het niet volledig afgesloten van de gevolgen van het conflict. De oorlog had economische, politieke en sociale gevolgen die ook Nederland raakten. De economie werd beïnvloed door de schaarste aan goederen en de verstoring van internationale handelsstromen. Politiek gezien had Nederland te maken met interne debatten over de neutraliteitspolitiek en de rol van het land in het internationale systeem.

De Eerste Wereldoorlog eindigde in 1918 met de ondertekening van de wapenstilstand. Nederland speelde geen directe rol bij de vredesonderhandelingen, maar de oorlog en de nasleep ervan hadden wel gevolgen voor de verdere ontwikkeling van Nederland en de internationale betrekkingen.

De neutraliteit van Nederland tijdens de Eerste Wereldoorlog is een belangrijk onderdeel van de Nederlandse geschiedenis. Het toont de complexiteit van het handhaven van neutraliteit in een tijd van internationale conflicten en de uitdagingen waarmee een neutrale natie werd geconfronteerd. De Eerste Wereldoorlog had diepgaande gevolgen voor Nederland en speelde een rol bij het vormgeven van de internationale positie van het land in de jaren daarna.

# Nederland in de Tweede Wereldoorlog

De Tweede Wereldoorlog, die plaatsvond van 1940 tot 1945, was een donkere periode in de Nederlandse geschiedenis. Nederland werd bezet door nazi-Duitsland en onderging een periode van onderdrukking, verzet en leed.

Op 10 mei 1940 viel het Duitse leger Nederland binnen. Ondanks dapper verzet was Nederland niet opgewassen tegen de Duitse militaire macht en capituleerde op 15 mei 1940. Hiermee begon de bezetting van Nederland door nazi-Duitsland, die vijf lange jaren zou duren.

De Duitse bezetting had verstrekkende gevolgen voor Nederland en haar bevolking. Het naziregime voerde een beleid van onderdrukking en discriminatie, gericht tegen Joden, Roma, Sinti en andere groepen die als 'niet-Arisch' werden beschouwd. Dit resulteerde in de deportatie en vernietiging van tienduizenden Joden en andere slachtoffers van het naziregime.

De Nederlandse bevolking werd geconfronteerd met beperkingen van vrijheid en rechten. De Duitse bezetter voerde censuur in en onderdrukte politieke oppositie. Veel Nederlanders werden gedwongen tot arbeidsdienst en de economie werd gecontroleerd door de Duitse autoriteiten.

Tijdens de bezetting kwamen ook veel Nederlanders in verzet tegen de Duitse overheersing. Er ontstonden verzetsgroepen die sabotage-acties uitvoerden, informatie verzamelden en onderduikers hielpen. Het Nederlandse verzet speelde een belangrijke rol bij het verstrekken van cruciale informatie aan de geallieerden en het beschermen van vervolgde personen.

Naast het verzet waren er ook collaborateurs die samenwerkten met de Duitse bezetter. Deze collaboratie varieerde van individuele handelingen tot georganiseerde samenwerking met de Duitse autoriteiten. Het collaboratiegedrag is een pijnlijk aspect van de Nederlandse geschiedenis tijdens de Tweede Wereldoorlog.

In 1944 begonnen de geallieerden met hun bevrijdingsoffensief in Nederland. Dit resulteerde in hevige gevechten, met name tijdens de Slag om Arnhem, waarbij grote delen van Nederland werden verwoest. De bevrijding van Nederland vond plaats in het voorjaar van 1945, na maanden van gevechten en ontberingen.

De nasleep van de Tweede Wereldoorlog bracht uitdagingen met zich mee voor Nederland. Het land was getekend door de oorlog en had te maken met wederopbouw, economische crisis en de verwerking van de trauma's en verliezen. Er waren processen om oorlogsmisdadigers te berechten en er werd gewerkt aan de heropbouw van een democratische samenleving.

De Tweede Wereldoorlog had diepgaande gevolgen voor Nederland en haar inwoners. Het herinnert ons aan de kwetsbaarheid van vrijheid en de noodzaak om waakzaam te blijven tegen intolerantie en onderdrukking. Het is belangrijk om de ervaringen en lessen uit deze periode door te geven aan toekomstige generaties, zodat we kunnen blijven bouwen aan een vreedzame en rechtvaardige samenleving.

# De Watersnoodramp van 1953

Op de avond van 31 januari 1953 werd Nederland getroffen door een van de grootste natuurrampen in haar geschiedenis: de Watersnoodramp van 1953. Deze ramp, veroorzaakt door een combinatie van een zware storm en een springvloed, resulteerde in overstromingen van grote delen van Zeeland, Zuid-Holland en West-Brabant.

De stormachtige omstandigheden veroorzaakten een hoge waterstand in de Noordzee, die samenkwam met springtij. De dijken en waterkeringen waren niet opgewassen tegen de kracht van het water, en verschillende dijken bezweken onder de druk. Het water stroomde het land binnen en zorgde voor overstromingen die grote verwoesting veroorzaakten.

De gevolgen van de Watersnoodramp waren verwoestend. Meer dan 1.800 mensen kwamen om het leven, waarvan een groot deel in de provincie Zeeland. Complete dorpen werden weggevaagd en duizenden mensen verloren hun huizen en bezittingen. De infrastructuur, zoals wegen, bruggen en dijken, raakte zwaar beschadigd en de economische impact was enorm.

Direct na de ramp kwam er wereldwijd steun op gang voor Nederland. Hulpverleners en militairen uit binnen- en buitenland werden gemobiliseerd om te helpen bij reddings- en herstelwerkzaamheden. Nederlandse en internationale organisaties werkten samen om noodhulp te bieden, slachtoffers te evacueren en te voorzien in basisbehoeften zoals voedsel, onderdak en medische zorg.

De Watersnoodramp van 1953 had ook grote gevolgen voor het Nederlandse waterbeheer en de veiligheid tegen overstromingen. Het was een wake-upcall en leidde tot belangrijke veranderingen in het watermanagement en de bescherming tegen overstromingen. Er werd een ambitieus Deltaplan opgesteld, waarin nieuwe waterkeringen werden gebouwd en bestaande dijken werden versterkt.

De Deltawerken, een reeks van waterbouwkundige projecten, werden uitgevoerd om Nederland beter te beschermen tegen overstromingen. Iconische waterwerken, zoals de Oosterscheldekering en de Maeslantkering, werden gebouwd om de zeearmen te kunnen afsluiten bij dreigende stormvloeden. Deze indrukwekkende infrastructurele projecten zijn tot op de dag van vandaag belangrijke symbolen van de Nederlandse waterveiligheid en expertise.

De Watersnoodramp van 1953 heeft ook geleid tot internationale aandacht voor de Nederlandse aanpak van waterbeheer en overstromingsrisico's. Nederlandse waterexperts werden wereldwijd geraadpleegd en hun kennis en ervaring werden gedeeld met andere landen die te maken hadden met vergelijkbare uitdagingen.

De Watersnoodramp van 1953 heeft een diepe indruk achtergelaten op de Nederlandse samenleving. Het verlies van mensenlevens en de enorme schade waren hartverscheurend, maar de ramp heeft ook geleid tot positieve veranderingen. Nederland heeft geleerd van deze tragedie en heeft haar waterbeheer versterkt om de veiligheid van haar inwoners te waarborgen.

De Watersnoodramp van 1953 blijft een belangrijk onderdeel van de Nederlandse geschiedenis, een herinnering aan de kracht van de natuur en de veerkracht van de samenleving. Het is een herinnering die ons eraan herinnert dat we moeten blijven investeren in waterveiligheid en voorbereid moeten zijn op toekomstige uitdagingen.

# Wederopbouw en het Naoorlogse Nederland

Na de Tweede Wereldoorlog stond Nederland voor de immense taak om het land opnieuw op te bouwen en de samenleving te herstellen. De oorlog had diepe wonden achtergelaten, zowel fysiek als emotioneel, maar de veerkracht van het Nederlandse volk en de wil om vooruit te gaan waren sterk.

De wederopbouwperiode in Nederland duurde van ongeveer 1945 tot het begin van de jaren zestig. Het was een tijd van herstel, herstructurering en het streven naar vernieuwing. Er waren verschillende belangrijke aspecten van de wederopbouw die het naoorlogse Nederland hebben gevormd.

Een van de eerste prioriteiten was het herstellen van de infrastructuur. Veel steden, dorpen en wegen waren verwoest tijdens de oorlog, en het was van cruciaal belang om deze snel te herstellen. Er werd hard gewerkt aan de wederopbouw van beschadigde huizen, gebouwen en bruggen. Nieuwe wijken en stadsplanning werden geïntroduceerd om de steden efficiënter en leefbaarder te maken.

De economische wederopbouw was ook een belangrijk onderdeel van het naoorlogse Nederland. Het land moest herstellen van de oorlogsschade en de economische productie weer op gang brengen. Er werden stimuleringsmaatregelen genomen om de industrie en handel te ondersteunen, en er was een sterke nadruk op export om de economie te stimuleren. Het Marshallplan, een Amerikaans hulpprogramma, speelde een belangrijke rol bij het ondersteunen van de wederopbouw van de Nederlandse economie.

De sociale wederopbouw was gericht op het herstellen van de maatschappelijke structuren en het bevorderen van sociale cohesie. Er waren grote inspanningen om de slachtoffers van de oorlog te helpen en te ondersteunen. Oorlogsinvaliden en oorlogswezen ontvingen speciale aandacht en er werden sociale voorzieningen opgezet om hen te ondersteunen. Daarnaast werden nieuwe sociale wetten en regelgeving geïntroduceerd om een sociaal vangnet te creëren en de welvaart te bevorderen.

De wederopbouwperiode ging ook gepaard met een golf van modernisering en vernieuwing. Nederland wilde zich ontwikkelen tot een moderne samenleving en omarmde nieuwe technologieën en ideeën. Er was aandacht voor ruimtelijke ordening, architectuur en stedenbouw. Modernistische stijlen, zoals de Nieuwe Zakelijkheid en het functionalisme, waren populair in de wederopbouwarchitectuur.

De wederopbouwperiode werd ook gekenmerkt door de opkomst van de verzorgingsstaat. De overheid speelde een actieve rol in het bevorderen van sociale rechtvaardigheid en het bieden van sociale voorzieningen aan haar burgers. Er werden socialezekerheidsprogramma's geïmplementeerd, zoals de Algemene Ouderdomswet (AOW) en de Algemene Kinderbijslagwet (AKW), om de sociale zekerheid te waarborgen.

De wederopbouwperiode was een uitdagende, maar ook hoopvolle tijd voor Nederland. Het land slaagde erin om de verwoestingen van de oorlog te boven te komen en een nieuw fundament te leggen voor de toekomst. De wederopbouw vormde de basis voor de welvaart en het sociale stelsel waar Nederland vandaag de dag bekend om staat.

De wederopbouw van Nederland na de Tweede Wereldoorlog is een belangrijk hoofdstuk in de Nederlandse geschiedenis. Het laat zien hoe veerkracht, vastberadenheid en samenwerking kunnen leiden tot herstel en vooruitgang, zelfs na de meest verwoestende tijden.

# De Nederlandse Welvaartsstaat

De Nederlandse Welvaartsstaat is een term die verwijst naar het sociale en economische systeem dat in Nederland is ontwikkeld na de Tweede Wereldoorlog. Het is gebaseerd op het idee van een verzorgingsstaat, waarin de overheid een actieve rol speelt bij het waarborgen van het welzijn van haar burgers.

Een van de belangrijkste kenmerken van de Nederlandse Welvaartsstaat is de uitgebreide sociale zekerheid. Nederland heeft een uitgebreid stelsel van sociale voorzieningen, waaronder sociale verzekeringen en sociale voorzieningen. Dit omvat onder andere de AOW, de WW, de WIA en de bijstand. Deze voorzieningen bieden financiële ondersteuning aan mensen in verschillende levensfasen en omstandigheden, zoals ouderen, werklozen, arbeidsongeschikten en mensen met lage inkomens.

Daarnaast is de Nederlandse Welvaartsstaat gericht op het waarborgen van gelijke kansen en het bevorderen van sociale rechtvaardigheid. Het onderwijs speelt hierin een belangrijke rol. Nederland heeft een hoogwaardig onderwijssysteem dat toegankelijk is voor alle burgers. Het omvat basisonderwijs, voortgezet onderwijs en hoger onderwijs, waaronder universiteiten en hogescholen. Het onderwijsstelsel is gebaseerd op gelijke kansen en streeft naar het ontwikkelen van de volledige potentie van elke individuele leerling.

Een ander kenmerk van de Nederlandse Welvaartsstaat is de gezondheidszorg. Nederland heeft een universele ziektekostenverzekering, de zogenaamde basisverzekering. Deze verzekering dekt de kosten van medische zorg voor alle ingezetenen van Nederland. Het zorgstelsel is gebaseerd op solidariteit en iedereen draagt bij aan de kosten van de gezondheidszorg via premies en belastingen. Dit zorgt ervoor dat medische zorg toegankelijk is voor iedereen, ongeacht iemands inkomen of gezondheidstoestand.

Naast sociale zekerheid en gezondheidszorg heeft de Nederlandse Welvaartsstaat ook aandacht voor arbeidsvoorwaarden en arbeidsomstandigheden. Nederland heeft een goed ontwikkelde arbeidswetgeving die de rechten van werknemers beschermt en zorgt voor een veilige en gezonde werkomgeving. Werknemers hebben recht op een eerlijk loon, betaalde vakantiedagen, ouderschapsverlof en bescherming tegen discriminatie en onrechtmatige ontslagen.

De financiering van de Nederlandse Welvaartsstaat is gebaseerd op een progressief belastingstelsel. Dit betekent dat mensen met hogere inkomens een groter deel van hun inkomen bijdragen aan de financiering van de sociale voorzieningen en publieke diensten. Dit zorgt voor een herverdeling van de welvaart en draagt bij aan een meer gelijke samenleving.

Het succes van de Nederlandse Welvaartsstaat is te zien in verschillende internationale ranglijsten en indices. Nederland scoort doorgaans hoog op indicatoren zoals levenskwaliteit, gelijke kansen, onderwijsniveau en gezondheidszorg. De Nederlandse Welvaartsstaat heeft bijgedragen aan de welvaart en het welzijn van de Nederlandse bevolking en heeft Nederland internationaal erkend als een land dat veel waarde hecht aan sociale rechtvaardigheid en solidariteit.

Hoewel de Nederlandse Welvaartsstaat veel positieve aspecten heeft, is het ook onderhevig aan uitdagingen. Demografische veranderingen, economische ontwikkelingen en de kosten van sociale voorzieningen vormen voortdurende vraagstukken waar de Nederlandse samenleving mee te maken heeft. Er zijn voortdurende discussies over de betaalbaarheid, duurzaamheid en effectiviteit van het systeem.

De Nederlandse Welvaartsstaat is een belangrijk onderdeel van de Nederlandse identiteit en heeft de samenleving gevormd tot wat het vandaag de dag is. Het is een product van sociale en politieke ontwikkelingen, waarbij de nadruk ligt op solidariteit, gelijke kansen en het waarborgen van het welzijn van alle burgers. Het blijft een dynamisch en evoluerend systeem dat zich aanpast aan veranderende tijden en behoeften.

# De Jaren '60: Protest en Verandering

De jaren '60 waren een turbulente periode in de Nederlandse geschiedenis, gekenmerkt door een golf van protesten, maatschappelijke veranderingen en culturele vernieuwing. Het was een tijd waarin traditionele normen en waarden werden uitgedaagd en er werd gestreefd naar een meer progressieve en open samenleving.

Een belangrijk aspect van de jaren '60 was het opkomende protest tegen maatschappelijke en politieke kwesties. Jongeren en studenten speelden hierin een centrale rol. Ze kwamen op voor hun idealen en eisten verandering op het gebied van onderwijs, gelijkheid, emancipatie en vrede. Ze organiseerden protestmarsen, bezettingen en demonstraties om hun stem te laten horen.

Een van de meest iconische momenten van protest in de jaren '60 was de Provo-beweging. Provo was een ludieke en provocatieve tegenbeweging die streefde naar maatschappelijke verandering en het doorbreken van taboes. Ze organiseerden happenings, zoals het beruchte 'witte-fietsenplan', waarbij gratis fietsen werden verspreid in Amsterdam. Provo zorgde voor veel discussie en kritiek, maar ook voor een nieuwe vorm van politiek activisme.

De jaren '60 waren ook een tijd van culturele revolutie en vernieuwing. De jeugdcultuur en de opkomst van de popmuziek speelden hierin een belangrijke rol. Bands zoals The Beatles en The Rolling Stones waren razend populair en hun muziek en levensstijl inspireerden jongeren over de hele wereld. In Nederland ontstonden ook nieuwe muzikale stromingen, zoals de Nederbeat en de Nederlandstalige popmuziek.

Naast de muziek ontwikkelde zich ook een bloeiende kunstscene. Experimentele kunstvormen en nieuwe stromingen, zoals de Pop Art en het Minimalisme, kwamen op. Kunstenaars zochten naar nieuwe manieren om zich uit te drukken en te reflecteren op de veranderende samenleving. Musea en galerieën speelden een belangrijke rol bij het tonen en verspreiden van deze vernieuwende kunstvormen.

Een ander belangrijk aspect van de jaren '60 was de toenemende aandacht voor sociale rechtvaardigheid en gelijkheid. Er ontstonden bewegingen voor vrouwenemancipatie, homorechten en dekolonisatie. Vrouwen eisten gelijke rechten en kansen, en er werden belangrijke stappen gezet in het realiseren van gendergelijkheid. De homo-emancipatiebeweging kwam op voor de rechten en acceptatie van homoseksuelen in de samenleving.

Ook dekolonisatie stond hoog op de agenda. Nederland had in die tijd nog overzeese gebiedsdelen, zoals Suriname en de Nederlandse Antillen, waar de roep om onafhankelijkheid steeds sterker werd. Dit leidde uiteindelijk tot de onafhankelijkheid van Suriname in 1975 en de autonome status van de Nederlandse Antillen.

De jaren '60 waren een tijd van verandering en vernieuwing, maar ook van polarisatie en conflict. De generatiekloof werd zichtbaar en de maatschappij werd verdeeld door verschillende opvattingen en ideeën. De gebeurtenissen in de jaren '60 hebben echter ook een blijvende impact gehad op de Nederlandse samenleving. Veel van de verworvenheden en progressieve waarden uit die tijd zijn nog steeds relevant en vormen een belangrijk onderdeel van onze hedendaagse samenleving.

# Nederland en Europa: Het Verdrag van Maastricht

In de jaren '90 speelde Nederland een belangrijke rol in de ontwikkeling van de Europese Unie (EU). Het Verdrag van Maastricht, ondertekend in 1992, was een mijlpaal in de Europese integratie en legde de basis voor de huidige Europese Unie.

Het Verdrag van Maastricht werd opgesteld tijdens de Europese Raad in Maastricht in december 1991 en trad in werking op 1 november 1993. Het verdrag had als doel de Europese samenwerking verder te verdiepen en te formaliseren. Het legde de basis voor de economische en monetaire unie en introduceerde de Europese Unie als de nieuwe naam van de Europese Gemeenschappen.

Een belangrijk onderdeel van het Verdrag van Maastricht was de oprichting van de Europese Monetaire Unie (EMU) en de invoering van de euro als gemeenschappelijke munteenheid. Dit was een ambitieus project dat tot doel had om economische integratie te bevorderen en de stabiliteit van de Europese economieën te vergroten. Nederland was een van de landen die vanaf het begin betrokken waren bij de ontwikkeling van de euro.

Daarnaast introduceerde het Verdrag van Maastricht het concept van het Europees burgerschap. Hierdoor kregen Europese burgers nieuwe rechten en vrijheden, zoals het recht op vrij verkeer en verblijf binnen de EU, het recht om in andere lidstaten te stemmen en zich verkiesbaar te stellen bij Europese verkiezingen, en het recht om consulaire bescherming te ontvangen van andere EU-lidstaten buiten de EU.

Het Verdrag van Maastricht versterkte ook de rol van het Europees Parlement als het direct gekozen orgaan van de EU. Het parlement kreeg meer wetgevende bevoegdheden en inspraak in de besluitvorming op Europees niveau. Dit zorgde voor een verdere democratisering van de Europese Unie.

Een ander belangrijk aspect van het Verdrag van Maastricht was de oprichting van een gemeenschappelijk buitenlands en veiligheidsbeleid binnen de EU. Dit stelde de EU in staat om een gezamenlijk standpunt in te nemen op internationaal gebied en om samen te werken op het gebied van veiligheid en defensie.

Het Verdrag van Maastricht had ook gevolgen voor de Nederlandse politiek en samenleving. Het verdrag leidde tot een grotere nadruk op Europese samenwerking en deelname aan Europese besluitvorming. Het Europees recht kreeg een grotere invloed op de nationale wetgeving en rechtspraak. Nederlandse politici waren actief betrokken bij de onderhandelingen en implementatie van het verdrag.

De Europese integratie en het Verdrag van Maastricht hebben Nederland economische voordelen gebracht. Als exportgericht land heeft Nederland geprofiteerd van de interne markt en de mogelijkheid om vrij handel te drijven met andere EU-lidstaten. Nederlandse bedrijven hebben toegang gekregen tot een grotere markt en Europese subsidies en fondsen hebben bijgedragen aan economische groei en ontwikkeling.

Tegelijkertijd heeft het Verdrag van Maastricht ook discussies en debatten veroorzaakt over de soevereiniteit en nationale identiteit van Nederland. Er zijn zorgen geuit over de overdracht van bevoegdheden aan de EU en de invloed van Europese regelgeving op de nationale besluitvorming. Deze discussies zijn tot op de dag van vandaag relevant en vormen een belangrijk onderdeel van het publieke debat.

Het Verdrag van Maastricht markeerde een belangrijke fase in de Europese integratie en de rol van Nederland in Europa. Het heeft de basis gelegd voor verdere samenwerking en integratie binnen de EU. Nederland blijft actief deelnemen aan Europese besluitvorming en speelt een rol in het vormgeven van het Europese beleid. De betrekkingen tussen Nederland en Europa zijn complex en dynamisch, en de invloed van het Verdrag van Maastricht is nog steeds voelbaar in de hedendaagse Europese Unie.

# Nederland in de 21e Eeuw: Technologie en Innovatie

In de 21e eeuw heeft Nederland zich ontwikkeld tot een land dat bekend staat om zijn technologische vooruitgang en innovatie. Het land heeft een sterke focus gelegd op het bevorderen van onderzoek, ontwikkeling en technologische toepassingen om de economie te stimuleren en bij te dragen aan maatschappelijke uitdagingen.

Een belangrijk aspect van de technologische ontwikkeling in Nederland is de nadruk op duurzaamheid en groene technologie. Het land heeft zich ingezet voor de overgang naar een circulaire economie en het verminderen van de $CO_2$-uitstoot. Nederland is een pionier op het gebied van duurzame energie, met innovatieve oplossingen zoals windenergie, zonne-energie en geothermie. Er zijn ook initiatieven voor energiebesparing en het bevorderen van energie-efficiëntie in de gebouwde omgeving.

Daarnaast speelt Nederland een belangrijke rol in de ontwikkeling van nieuwe technologieën en innovatieve sectoren. Het land heeft een bloeiende start-upscene, met veel jonge ondernemers die werken aan baanbrekende ideeën en technologieën. Er zijn verschillende technologiehubs en incubators waar start-ups worden ondersteund en begeleid bij hun groei en ontwikkeling. Nederlandse bedrijven en instellingen zijn actief op gebieden zoals kunstmatige intelligentie, robotica, blockchain, biotechnologie en nanotechnologie.

Een ander belangrijk aspect van technologie en innovatie in Nederland is de nadruk op onderzoek en ontwikkeling.

Nederland heeft een sterke kennisinfrastructuur met gerenommeerde universiteiten, onderzoeksinstellingen en bedrijven die nauw samenwerken. Er zijn programma's en subsidies om onderzoek en ontwikkeling te stimuleren en om de samenwerking tussen de academische wereld, het bedrijfsleven en de overheid te bevorderen. Nederlandse onderzoekers en wetenschappers leveren belangrijke bijdragen aan verschillende wetenschappelijke disciplines en dragen bij aan internationale onderzoeksprojecten.

De technologische vooruitgang heeft ook invloed op de samenleving en het dagelijks leven in Nederland. Digitalisering en connectiviteit hebben geleid tot veranderingen in verschillende sectoren, zoals de gezondheidszorg, mobiliteit, landbouw en stedelijke planning. Digitale diensten en platforms zijn wijdverspreid en maken het gemakkelijker om informatie te delen, communicatie te vergemakkelijken en toegang te krijgen tot producten en diensten. Tegelijkertijd zijn er discussies over privacy, digitale veiligheid en de ethische aspecten van technologische ontwikkeling.

Nederland is ook actief betrokken bij internationale samenwerking op het gebied van technologie en innovatie. Het land neemt deel aan verschillende Europese onderzoeksprogramma's en internationale samenwerkingsverbanden. Nederlandse bedrijven en instellingen werken samen met partners over de hele wereld om gezamenlijke uitdagingen aan te pakken en innovatieve oplossingen te vinden.

De technologische ontwikkeling en innovatie in Nederland hebben bijgedragen aan economische groei, het creëren van banen en het oplossen van maatschappelijke vraagstukken. Nederland blijft zich inzetten voor technologie en innovatie als een belangrijke motor voor economische en maatschappelijke vooruitgang. Het land streeft naar een duurzame en innovatieve toekomst, waarin technologie wordt ingezet om uitdagingen aan te gaan en kansen te benutten.

# Het Koningshuis en de Oranje Dynastie

Het Nederlandse koningshuis, ook wel bekend als het Huis van Oranje-Nassau, heeft een lange geschiedenis die teruggaat tot de 16e eeuw. Het huis heeft een belangrijke rol gespeeld in de Nederlandse geschiedenis en heeft zich ontwikkeld tot een symbool van nationale eenheid en continuïteit.

De oorsprong van het Huis van Oranje-Nassau ligt bij Willem van Oranje, ook wel bekend als Willem de Zwijger. Hij speelde een cruciale rol in de Tachtigjarige Oorlog tegen Spanje en wordt gezien als de grondlegger van de Nederlandse natie. Willem van Oranje streefde naar godsdienstvrijheid en politieke onafhankelijkheid voor de Nederlandse gewesten. Hij werd echter in 1584 vermoord voordat hij zijn doelen kon verwezenlijken.

Na de dood van Willem van Oranje werd zijn oudste zoon, Maurits van Oranje, stadhouder van de Republiek der Zeven Verenigde Nederlanden. Het stadhouderlijk stelsel werd ingevoerd, waarbij de stadhouder de politieke en militaire leider was. De Oranjes bekleedden de functie van stadhouder tot aan de Franse tijd aan het einde van de 18e eeuw.

Met de oprichting van het Koninkrijk der Nederlanden in 1815 werd het Huis van Oranje-Nassau verheven tot koninklijke status. Willem I werd de eerste koning der Nederlanden. Sindsdien is de monarchie erfelijk binnen de familie van Oranje-Nassau.

Het Nederlandse koningshuis heeft verschillende leden gehad die een belangrijke rol hebben gespeeld in de Nederlandse geschiedenis. Koning Willem II heeft bijvoorbeeld een belangrijke rol gespeeld bij het tot stand komen van de grondwet van 1848, die de basis legde voor de parlementaire democratie in Nederland. Koningin Wilhelmina was koningin tijdens de Eerste Wereldoorlog en de Tweede Wereldoorlog en werd gezien als een symbool van nationale eenheid en verzet tegen de Duitse bezetting.

Koningin Juliana en koningin Beatrix hebben beiden een lange regeerperiode gehad en hebben zich ingezet voor de versterking van de banden tussen het koningshuis en de Nederlandse bevolking. Koning Willem-Alexander volgde zijn moeder, koningin Beatrix, op in 2013 en is de huidige koning van Nederland.

Het Nederlandse koningshuis heeft een constitutionele rol en heeft geen directe politieke macht. De koning of koningin heeft voornamelijk een ceremoniële en representatieve functie. De koning(in) bezoekt officiële gelegenheden, vertegenwoordigt Nederland bij staatsbezoeken en speelt een rol bij de vorming van een nieuw kabinet na verkiezingen. De dagelijkse regeringsverantwoordelijkheid ligt bij de minister-president en het kabinet.

Het koningshuis heeft een prominente positie in de Nederlandse samenleving en geniet over het algemeen brede steun onder de bevolking. Het wordt gezien als een symbool van nationale identiteit en eenheid. Het koningshuis vervult ook een belangrijke rol bij nationale vieringen en herdenkingen.

Het Huis van Oranje-Nassau heeft in de loop der jaren een sterke band opgebouwd met de Nederlandse bevolking. Het koningshuis heeft verschillende uitdagingen en veranderingen in de maatschappij doorstaan, maar heeft zijn positie weten te behouden. Het koningshuis blijft een centraal onderdeel van de Nederlandse constitutionele monarchie en draagt bij aan de continuïteit en stabiliteit van het land.

# Nederlandse Kunst en Cultuur: Van Mondriaan tot Van Gogh

Nederland heeft een rijke traditie op het gebied van kunst en cultuur, met vele bekende kunstenaars die wereldwijd erkenning hebben gekregen. Van de abstracte composities van Piet Mondriaan tot de impressionistische meesterwerken van Vincent van Gogh, Nederlandse kunstenaars hebben een blijvende invloed gehad op de kunstwereld.

Een van de meest bekende Nederlandse kunstenaars is Vincent van Gogh. Zijn expressieve schilderstijl en kleurgebruik hebben hem wereldwijd bekend gemaakt. Van Gogh wordt beschouwd als een van de belangrijkste figuren in de kunstgeschiedenis en zijn schilderijen, zoals "De Sterrennacht" en "Zonnebloemen", behoren tot de meest geliefde en iconische werken in de kunstwereld.

Een andere prominente Nederlandse kunstenaar is Rembrandt van Rijn, een meester van de Gouden Eeuw. Rembrandt's schilderijen, waaronder het beroemde "De Nachtwacht", tonen zijn meesterschap in het vastleggen van emoties en dramatische effecten. Zijn gebruik van licht en schaduw maakte hem tot een pionier op het gebied van het clair-obscur.

Naast Van Gogh en Rembrandt heeft Nederland ook andere invloedrijke kunstenaars voortgebracht. Een belangrijke stroming in de Nederlandse kunstgeschiedenis is het realisme, waarbij schilders zich richtten op het nauwkeurig weergeven van de werkelijkheid. Een voorbeeld van een prominente realistische schilder is Johannes Vermeer, bekend om zijn intieme en gedetailleerde interieurscènes, zoals "Meisje met de parel" en "Het Melkmeisje".

In de 20e eeuw ontwikkelde Nederland zich tot een centrum van avant-garde kunst en experimentele stromingen. De stijl van De Stijl, opgericht door kunstenaar Theo van Doesburg, speelde een belangrijke rol in de abstracte kunst. Piet Mondriaan, een van de belangrijkste vertegenwoordigers van De Stijl, creëerde geometrische composities met rechte lijnen en primaire kleuren, zoals "Compositie met Rood, Geel en Blauw".

Nederlandse kunstenaars hebben ook bijgedragen aan andere kunstvormen, zoals beeldhouwkunst en design. Een bekend voorbeeld is de Nederlandse beeldhouwer en architect Hendrik Petrus Berlage, wiens ontwerpen werden gekenmerkt door eenvoud en functionaliteit. Hij wordt beschouwd als een belangrijke figuur in de ontwikkeling van de moderne architectuur.

De Nederlandse kunst en cultuur hebben ook een sterke band met musea en culturele instellingen. Nederland herbergt enkele van 's werelds meest gerenommeerde musea, zoals het Rijksmuseum, het Van Gogh Museum en het Stedelijk Museum Amsterdam. Deze musea bieden een schat aan kunstwerken en exposities, en trekken jaarlijks vele bezoekers van over de hele wereld.

Het belang van kunst en cultuur in Nederland blijft bestaan, met een voortdurende waardering voor artistieke expressie en creativiteit. Nederlandse kunstenaars blijven vernieuwen en inspireren, met hedendaagse kunstvormen die variëren van installaties tot digitale kunst. Kunst en cultuur blijven een integraal onderdeel van de Nederlandse samenleving, waarbij traditie en vernieuwing hand in hand gaan.

# Multiculturalisme en Integratie in Nederland

Nederland is een land dat bekend staat om zijn culturele diversiteit en heeft een lange geschiedenis van immigratie. Sinds de tweede helft van de 20e eeuw heeft Nederland verschillende golven van migratie meegemaakt, waardoor het land een multiculturele samenleving is geworden.

Het multiculturele karakter van Nederland is het resultaat van verschillende factoren, zoals dekolonisatie, economische migratie en vluchtelingenstromen. Mensen van diverse etnische, culturele en religieuze achtergronden hebben zich gevestigd in Nederland en hebben bijgedragen aan de rijkdom en diversiteit van de samenleving.

De Nederlandse overheid heeft verschillende beleidsmaatregelen geïmplementeerd om de integratie van migranten en hun nakomelingen te bevorderen. Integratie omvat het proces waarbij mensen met verschillende achtergronden samenkomen en deelnemen aan de Nederlandse samenleving. Dit omvat aspecten zoals het leren van de Nederlandse taal, het verwerven van onderwijs, het vinden van werk en het deelnemen aan het maatschappelijk leven.

Taal speelt een belangrijke rol bij de integratie. Het leren van de Nederlandse taal stelt migranten in staat om te communiceren, onderwijs te volgen en deel te nemen aan de arbeidsmarkt. De Nederlandse overheid biedt taalcursussen aan en stimuleert nieuwkomers om de Nederlandse taal te leren.

Onderwijs is ook een belangrijk instrument voor integratie. Het Nederlandse onderwijssysteem biedt gelijke kansen voor alle kinderen, ongeacht hun achtergrond. Scholen hebben aandacht voor de culturele diversiteit in de klas en bevorderen intercultureel begrip. Daarnaast is er aandacht voor burgerschapsonderwijs, waarbij waarden en normen van de Nederlandse samenleving worden geleerd.

Werkgelegenheid is een cruciaal aspect van integratie. Het hebben van werk biedt niet alleen economische zelfstandigheid, maar ook sociale inclusie. De Nederlandse overheid stimuleert gelijke kansen op de arbeidsmarkt en heeft wetgeving tegen discriminatie op grond van afkomst of etniciteit. Verschillende programma's en initiatieven zijn gericht op het bevorderen van de arbeidsmarktparticipatie van migranten.

Naast de inspanningen van de overheid zijn er ook talloze maatschappelijke organisaties, vrijwilligersgroepen en individuen die zich inzetten voor de integratie van migranten. Zij bieden ondersteuning op verschillende gebieden, zoals taalonderwijs, huisvesting, werkbegeleiding en sociale activiteiten. Deze initiatieven dragen bij aan de sociale cohesie en wederzijds begrip in de Nederlandse samenleving.

Integratie is een proces dat tijd en inzet vergt van zowel migranten als de ontvangende samenleving. Het gaat om het creëren van wederzijds begrip, respect voor verschillen en gelijke kansen voor iedereen. Het Nederlandse beleid op het gebied van multiculturalisme en integratie is voortdurend aan verandering onderhevig en er worden voortdurend nieuwe inzichten en benaderingen ontwikkeld.

De discussie over multiculturalisme en integratie blijft een belangrijk onderwerp in de Nederlandse samenleving. Er zijn verschillende perspectieven en opvattingen over hoe integratie het beste kan worden bevorderd. Het is belangrijk om een open en constructieve dialoog te voeren, waarbij verschillende stemmen worden gehoord en er ruimte is voor debat en voortschrijdend inzicht.

Het multiculturalisme en de integratie in Nederland hebben geleid tot een dynamische en diverse samenleving, waarin verschillende culturen, tradities en talen samenkomen. Het streven naar wederzijds begrip, respect en gelijke kansen blijft een belangrijk uitgangspunt om de sociale cohesie en het samenleven in diversiteit te bevorderen.

# Duurzaamheid en Milieubewustzijn in Nederland

Duurzaamheid en milieubewustzijn zijn belangrijke thema's geworden in Nederland, zowel op individueel niveau als op beleidsniveau. Nederland staat bekend om zijn inzet voor milieubescherming, energietransitie en het streven naar een duurzame samenleving.

Een van de belangrijke aspecten van duurzaamheid in Nederland is het streven naar een circulaire economie. Een circulaire economie is gericht op het verminderen van afval, het efficiënt gebruik van grondstoffen en het bevorderen van hergebruik en recycling. Nederland zet zich in voor innovatieve oplossingen, zoals het stimuleren van duurzaam ontwerp, het sluiten van materiaalkringlopen en het verminderen van de milieueffecten van productieprocessen.

Het bevorderen van duurzame energie is een ander belangrijk aspect van het Nederlandse milieubeleid. Nederland streeft naar een energietransitie waarbij de afhankelijkheid van fossiele brandstoffen wordt verminderd en duurzame energiebronnen, zoals zonne-energie en windenergie, worden gestimuleerd. Het land heeft ambitieuze doelstellingen gesteld om de uitstoot van broeikasgassen te verminderen en de overgang naar hernieuwbare energie te versnellen.

Naast de overheid spelen ook burgers en bedrijven een belangrijke rol bij het bevorderen van duurzaamheid. Milieubewustzijn is gegroeid onder de bevolking en steeds meer mensen nemen duurzame initiatieven in hun dagelijks leven. Er is een groeiende interesse in het verminderen van de ecologische voetafdruk, het gebruik van duurzame producten en het nemen van milieuvriendelijke maatregelen.

Op beleidsniveau heeft de Nederlandse overheid verschillende maatregelen genomen om duurzaamheid te bevorderen. Er zijn subsidies en financiële prikkels voor duurzame investeringen, zoals zonnepanelen en elektrische voertuigen. Daarnaast zijn er regels en normen vastgesteld om de milieueffecten van industrieën te verminderen en de overgang naar duurzame energie te versnellen. Het bevorderen van duurzaamheid gaat ook hand in hand met het behoud van natuurlijke gebieden en biodiversiteit. Nederland heeft verschillende nationale parken en beschermde natuurgebieden waar flora en fauna worden beschermd. Er zijn initiatieven om de biodiversiteit te bevorderen en het herstel van natuurlijke ecosystemen te ondersteunen.

Internationale samenwerking is ook belangrijk bij het aanpakken van mondiale milieuproblemen. Nederland speelt een actieve rol in internationale klimaatonderhandelingen en is betrokken bij initiatieven om de klimaatverandering tegen te gaan. Het land streeft naar een duurzame en klimaatbestendige toekomst, zowel nationaal als internationaal.

Het bevorderen van duurzaamheid en milieubewustzijn blijft een voortdurende uitdaging. Er is een continue behoefte aan innovatie, samenwerking en bewustwording om een duurzame samenleving te realiseren. Nederland zet zich in voor een evenwichtige benadering waarbij economische groei, sociale rechtvaardigheid en milieubescherming hand in hand gaan.

# Slotwoord

Met dit slotwoord komt er een einde aan onze reis door de geschiedenis van Nederland. We hebben verschillende perioden en gebeurtenissen besproken die hebben bijgedragen aan de vorming van het Nederlandse land en volk. Van de oorsprong van Nederland en de invloed van de Romeinen tot aan de Gouden Eeuw, de Tweede Wereldoorlog en de moderne ontwikkelingen op het gebied van duurzaamheid en milieubewustzijn, het verhaal van Nederland is rijk en gevarieerd.

Nederland heeft in de loop der eeuwen veel veranderingen doorgemaakt, zowel op politiek, sociaal, economisch als cultureel gebied. Het land heeft zich ontwikkeld tot een democratische, welvarende en tolerant samenleving, waarin diversiteit en gelijkheid centrale waarden zijn. Nederland heeft een sterke traditie van handel, innovatie, kunst en wetenschap, en heeft een belangrijke rol gespeeld op het wereldtoneel.

De geschiedenis van Nederland laat zien dat het land altijd heeft gezocht naar een balans tussen continuïteit en verandering, tussen traditie en vooruitgang. Nederland heeft uitdagingen het hoofd geboden, zowel op nationaal als internationaal niveau, en heeft zich weten aan te passen aan nieuwe omstandigheden. De Nederlandse samenleving is veerkrachtig en heeft laten zien dat het in staat is om zich aan te passen en vooruit te kijken.

Dit boek is slechts een beknopte introductie in de geschiedenis van Nederland. Er zijn nog vele andere aspecten en gebeurtenissen die niet uitgebreid aan bod zijn gekomen, maar die ook hun plek hebben in het verhaal van

Nederland. Het is een uitnodiging aan de lezer om verder te ontdekken en te leren over de fascinerende geschiedenis van dit land.

Het is belangrijk om te erkennen dat geschiedenis een continu proces is. Nederland is voortdurend in ontwikkeling en de geschiedenis wordt voortdurend geschreven. Het is aan de huidige generaties om de erfenis van het verleden te koesteren, te leren van het verleden en de toekomst vorm te geven.

Met dit slotwoord willen we afsluiten met een gevoel van waardering voor de rijke geschiedenis van Nederland en de mensen die hebben bijgedragen aan de vorming van het land. Laten we de lessen uit het verleden meenemen en ons gezamenlijk inzetten voor een toekomst waarin vrijheid, rechtvaardigheid, welvaart en duurzaamheid centraal staan.

Dank u wel voor het lezen van dit boek en het delen van deze reis door de geschiedenis van Nederland. Moge het uw begrip en waardering voor dit bijzondere land vergroten en u inspireren om verder te blijven ontdekken.

Manufactured by Amazon.ca
Acheson, AB